신끼
문끼
새끼
꼬기

아미와 BTS들을 향한 한국문화 특강

신끼 문끼 새끼꼬기: 아미와 BTS들을 향한 한국문화 특강

초판 발행일 2022년 8월 20일

지은이 최준식
펴낸이 유현조
편집장 강주한
디자인 연못
인쇄·제본 영신사
종이 한서지업사

펴낸 곳 소나무
등록 1987년 12월 12일 제2013-000063호
주소 경기도 고양시 덕양구 대덕로 86번길 85(현천동 121-6)
전화 02-375-5784
팩스 02-375-5789
전자우편 sonamoopub@empas.com
전자집 post.naver.com/sonamoopub1

ISBN 978-89-7139-105-1 (03910)

신끼
문끼
새끼
꼬기

아미와 BTS들을 향한 한국문화 특강

최준식 지음

소나무

새 시대의 BTS와 아미들에게

"한국문화의 특색은 무엇입니까?"

그 외국인은 물었습니다. 명색이 한국학자인데 대학에서 학생들을 가르치고 있던 저는 순간 말문이 막히고 말았습니다. 머릿속으로는 수많은 생각이 번개 같은 속도로 스쳐 갔지만, 그가 원하는 답은 되지 못할 것 같았습니다. 동양에 대해 상당한 지식을 보유한 그는 중국이나 일본과는 다른 한국문화의 핵심을 묻고 있었던 것입니다. 그때부터 그 질문은 저를 끈질기게 따라다니는 화두가 되었습니다.

저는 1970년대 중반부터 한국문화와 종교를 공부하기 시작했습니다. 그 공부가 너무 재미있어 계속하다 보니 미국 템플대학교에서 종교학으로 박사학위를 받게 되었습니다. 1992년 이화여대 한국학과에 교수로 부임하면서, 한국문화를 총체적으로 연구할 계기를 잡았습니다.

한국문화는 연구하면 할수록 대단히 매력적이었습니다. 하지만 그 공부는 결코 쉽지 않았습니다. 그 영역이 너무 방대했기 때문입니다. 한국문화라는 말은 네 글자에 불과하지만, 공부해야 할 분야는 태평양보다 넓고도 깊었습니다.

종교와 철학, 역사와 정치, 예술과 경제 이런 분야는 물론이고 건축, 음악, 미술, 음식, 복식 등등 엄청난 분야의 지식을 요구했습니다. 중국이나 일본, 중앙아시아 문화와 비교연구하는 일도 빼놓을 수 없었습니다.

이런 공부들이 너무 재미 있어 시간 가는 줄 몰랐습니다. 수많은 책을 읽고 각 분야의 전문가들과 만나서 토론했습니다. 그것도 모자라 결국은 학회를 만들어 공동연구에 몰두했습니다. 그렇게 오랜 시간이 흘렀습니다.

그런 내가 외국인의 간단한 질문에 답을 못한 것입니다. 뭔가 문제가 있었습니다. 외국인에게 한국문화를 설명할 수 있는 간단하면서도 명쾌한 틀이 필요했습니다. 그게 뭘까? 그 화두는 늘 저를 따라다녔습니다. 24시간 따라다녔습니다. 치솔질할 때도 쫓아다녔습니다. 꿈에서도 나타났습니다.

그러다 어느 날 갑자기 제 뇌리 속에 '신끼'(神氣)와 '문끼'(文氣)라는 말이 불현듯 떠올랐습니다. 한국문화, 그리고 한국인이 이 두 기운으로 되어 있다는 것을 깨닫는 순간이었습니다. 이 두 기운이면 한국문화에 관해서 상당히 많은 것을 설명할 수 있다는 생각이 강하게 들었습니다. 문화라는 현상은 제아무리 복잡하게 보여도, 그 핵심 개념만 잡아내면 전체 얼개가 들어오는 법입니다. 한국문화의 얼개는 신끼와 문끼였던 것입니다.

한국인들은 음주가무나 노는 것을 좋아하고 어떤 일에 미치면 좌고우면하지 않고 엄청난 에너지를 발산하면서 한쪽으로 치닫는 성향이 있습니다. 아주 옛날부터 그랬고 지금도 그렇습니다. 저는 이 기운을 '신끼'라고 풀었습니다.

그런가 하면 한국문화 안에는 대단히 뛰어난 인문학적인 자질이 있습니다. 인문적인 역량은 눈에 보이지 않기 때문에, 그것을 설명하는 일은 대단히 어렵습니다. 따라서 그 인문적인 힘이 만들어낸 눈에 보이는 문화유산을 찾아보았습니다. 놀랍게도 인문적인 힘이 만들어낸 문화유산은 세계제일이라 해도 지나치지 않았습니다. 그 깨달음에 도달했을 때의 떨림은 지금도 잊히지 않습니다.

그 힘의 흔적은 지금 대부분 과거 왕조의 유산으로 남아 있습니다. 세계 최고의 문자인 한글을 보유하고 있는 나라가 한국입니다. 또 가장 오래된 금속활자 인쇄본도 있습니다. 말할 수 없이 뛰어난 역사기록물을 지니고 있기도 합니다. 이러한 인문적 힘을 '문끼'라는 기운으로 풀었습니다.

이 입장에서 보면, 지금 한국에서 벌어지는 일은 모두 이 두 기운이 때를 만나 새끼 꼬듯이 적절히 꼬여 생긴 현상으로 풀 수 있습니다. 예를 들어, 한국의 경제발전을 보면, 한국인들은 문끼를 바탕으로 형성된 공부 문화 위에 '잘살아보겠다'는 열망을 가지고 신끼의 기운을 끝까지 몰아붙여 다른 민족이 이루지 못한 일을 해낸 것입니다. 이것은 한국의 민주화도 마찬가지입니다.

그런데 21세기에 들어오면서 한국인은 한 번도 겪지 못한 신이한 일에 봉착하게 됩니다. 한류의 세계적인 흥행이 그것입니다. 그 정점에는 BTS가 서 있습니다. 물론 BTS 말고도 블랙핑크와 같은 대

6
7

단한 그룹이 있지만, BTS 현상을 따라오지는 못합니다. 어떻든 한국의 연예 문화는 BTS 덕에 전 세계적인 관심사가 되었습니다.

이런 현상을 보면서 저는 BTS 현상도 신끼와 문끼라는 원리로 설명할 수 있다고 생각했습니다. BTS 역시 이 두 원리가 새끼꼬기처럼 꼬이면서 나온 현상이라는 생각이 강하게 들었던 것입니다. 그래서 한번 이 이론을 대입해 보았더니 나름대로 훌륭하게 설명이 되었습니다.

이 책은 바로 이에 대한 것입니다. 저는 이 주제를 구상하면서 이 내용을 어떻게 전달할 수 있을까 생각해 보았습니다. 그 결과 이 현상의 주역인 BTS와 그들의 팬 그룹인 아미 여러분을 대상으로 강의하는 형식으로 전하면 좋겠다는 생각이 들었습니다. 강의로 해야 주제를 쉽고 부드럽게 풀어낼 수 있다고 판단한 것입니다. 그러니까 여러분들도 부담 갖지 마시고 편안하게 강의 듣는 마음으로 이 책을 읽으시기 바랍니다.

제 바람은 아주 간단합니다.

이 BTS라는 한 번도 있지 않았던 초유의 대사건을 제대로 이해해보자는 것이지요. BTS 사건은 그저 일어난 것이 아닙니다. 사건 뒤에는 여러 기운이 섞인 층층의 문화적 배경이 있습니다. 이 책은 그것을 파헤치려고 시도해 보았습니다. BTS 현상 뒤에는 수천 년의 역사가 담긴 문화가 깔려 있다는 것을 잊어서는 안 되겠습니다. BTS가 하늘에서 갑자기 떨어진 것이 아니라 오랫동안 숙성된 문화의 결과라는 것이지요.

여기까지가 제가 BTS의 라스베이거스 공연을 보기 전에 쓴 서문입니다. 그러나 뉴스에 나오는 아미들의 인터뷰를 본 순간, 저는 충격에 빠졌습니다. 아미들의 말과 표정, 그리고 그들이 전하는 메시지는 기존의 이론을 넘어섰기 때문입니다. 저는 BTS 현상을 신끼와 문끼로 풀겠다고 했습니다. 다른 말로 하면, 방시혁과 BTS의 7 멤버 중심으로 해석하려 한 것입니다.

그러나 BTS 현상의 진정한 주인공은 아미들이 아닐까?

이런 깨우침이 번개처럼 제 영혼을 관통했습니다. 그리고 보니 새끼꼬기는 세 가닥으로 이루어진다는 생각이 떠올랐습니다. 신끼와 문끼는 제3의 가닥인 아미를 만나야 완성된다는 깨달음 말입니다. 아미는 단순히 BTS의 춤과 음악을 애호하는 소비자가 아니었던 것입니다.

아미가 없었다면 당연히 지금의 BTS는 없었을 것입니다. 아미들은 BTS의 춤과 음악의 생산과정에 참여하고 그 유통과정에 적극적으로 뛰어들었습니다. 더 나아가 BTS의 메시지와 선한 영향력을 전지구촌에 퍼뜨리는 진정한 프로듀서였습니다.

시장을 움직이는 것은 보이지 않는 손이라고 애덤 스미스가 갈파했습니다. 이 새로운 문화현상의 문을 연 것은 아미들이 아닐까 하는 놀라움을 간직하며 서문을 갈무리합니다.

2022년 봄에 지은이 삼가 씀

제1강: 왜 기적은 한국에서?

한국에서 일어난 2개의 기적

2021년 7월 한국에 믿을 수 없는 일이 일어났습니다. 유엔무역개발회의(UNCTAD)라는 세계적으로 인정된 공식 기관에서 195개 회원국 만장일치로 한국을 '개발도상국'에서 '선진국'으로 격상시킨 일이 그것입니다. 이것은 이 단체가 1964년에 창립된 후 처음 있는 일이라고 합니다.

이 발표는 문장 자체로는 아주 간단한 것입니다. 한국이라는 나라가 개발도상국을 졸업하고 선진국이 되었다는 것이니 간단하기 이를 데 없습니다. 그러나 현실적인 의미는 엄청난 것입니다. 21세기에 들어와 인류 사회에 있을 수 없는 일이 발생했기 때문입니다. 그동안 국제 사회에서 한국처럼 후진국에서 선진국으로 격상된 나라는 그 유례가 없습니다. 그만큼 선진국 되기가 힘든 것입니다.

제2차 세계대전이 끝나고 수많은 나라들이 식민지 상태에서 해방됐는데, 이 나라들은 모두 몹시 가난한 나라였습니다. 그 가운데에 선진국의 지위까지 다다른 것은 한국이 유일합니다. 한국만이 가난의 사슬을 뚫고 치솟아 올라 개발도상국이 되고, 또 그 지위마저 박차고 일어나 선진국이 된 것입니다.

한국은 1910년부터 36년간 일본의 혹독한 식민지 지배를 받았습니다. 그런데 한국은 피식민지를 경험한 것도 모자라, 1950년부터

3년 동안 미증유의 전쟁을 겪으면서 완전히 알거지 신세가 되었습니다. 이 작은 한반도에서 수백만 명이 죽는 전쟁을 겪었으니, 모든 것이 파괴되어 전쟁 뒤에 남은 것이 있을 수 없었습니다. 이 때문에 1953년에 한국 전쟁이 끝났을 때, 한국은 세계에서 가장 가난한 나라가 되었습니다. 1인당 국민소득이 60여 불에 불과했다고 하니, 당시 상황이 얼마나 열악한지 알 수 있습니다.

상황이 이러했기 때문에, 당시 한국이 부흥할 것이라고 예측한 사람은 거의 없었습니다. 대부분의 전문가들은 국내외를 막론하고 한국이 재기하는 일은 대단히 힘들 것이고, 어느 정도 재기하더라도 그렇게 되기까지는 상당한 시일이 걸릴 것이라고 예측했습니다. 당시 한국의 상황을 보면 이렇게 예측하는 것이 당연하다 하겠습니다.

그런데 그런 나라가 불과 60~70년 사이에, 느닷없이 선진국이 된 것입니다. 이런 일은 일어날 수 있는 일이 아닙니다. 왜냐하면 세계는 경제 구조가 선진국 중심으로 짜여 있어, 그 틈을 비집고 선진국 대열에 진입하는 일이 대단히 어렵기 때문입니다. 그 일이 그렇게 어렵기 때문에, 지금까지 어떤 나라도 선진국으로 격상하지 못한 것입니다.

게다가 한국이 더 놀라운 것은 대부분의 다른 선진국처럼, 제국주의 침략을 하지 않고도 선진국이 되었다는 것입니다. 주지하다시피 선진국으로 알려진 유럽의 여러 나라들은 제3세계 국가들을 식민지로 삼아 약탈을 자행해, 그것을 가지고 선진국의 지위를 획득할 수 있었습니다. 한마디로 말해, 그들은 강도질한 것을 바탕으로 잘살게 된 것입니다.

그러나 한국은 달랐습니다. 한 번도 다른 나라를 정복하거나 침탈하지 않고, 스스로의 힘으로 선진국의 지위까지 올라왔으니 말입니다. 이 점에서 한국은 어떤 나라에도 원한을 산 일이 없고 부채 의식 같은 것도 없습니다.

그런가 하면, 한국의 위상을 말할 때 자주 인용되는 표현이 또 있습니다. 과거에 원조를 받던 국가가 원조를 주는 나라로 바뀐 것도 한국밖에 없다는 것이 그것입니다. 따라서 한국에서 일어난 일을 기적이라고 표현하는 것입니다.

사람들이 선진국, 그중에서도 힘이 강한 선진국을 말할 때 통상 언급하는 것이 있습니다. 이른바 '3050 클럽'이라는 것으로, 1인당 국민소득이 3만 달러 이상이 되면서 인구가 5천만 이상 되는 국가들이 가입하는 클럽을 말합니다. 이런 클럽이 진짜 있어서 모임을 갖는 것은 아니지만, 우리는 이 조건으로 그 국가들의 국력을 가늠해볼 수 있습니다.

이런 자격을 가진 나라는 현재 일곱 나라밖에 없는데, 한국이 그중 하나가 되었습니다. 다른 여섯 나라는 미국, 독일, 영국, 프랑스, 일본, 이탈리아입니다. 물론 이 이외에도 선진국이 많이 있지만 이 일곱 나라는 규모가 있는, 다시 말해 덩치가 큰 선진국 중의 선진국이라 할 수 있습니다.

선진국이 되는 조건은 이 이외에도 더 있습니다. 그중의 하나는 사회의 민주화 척도입니다. 민주화 달성의 여부에 따라 그 나라가 선진국인가 아닌가를 결정하는 것입니다. 어떤 나라가 민주주의를 실천하고 있지 않으면 그 나라가 국력이 강하더라도, 우리는 그 나라를 선진국이라고 간주하지 않습니다.

예를 들어, 중국은 경제력이나 군사력 등이 세계 최상위권에 있지만, 사회의 민주화 정도가 낮아 중국을 두고 선진국이라고 하지는 않습니다. 그런가 하면 인도는 민주주의 국가이지만, 1인당 국민소득이 낮아 선진국으로 간주하지 않습니다.

이에 비해 한국은 민주주의 지수로 따지면 전 세계에서 상위권 안에 드는 대단한 민주주의 국가가 되었습니다. 이에는 나름의 객관적인 자료가 있습니다. 영국의 경제 분석 기관인 '이코노미스트 인텔리전스 유닛(EIU)'에서 2021년에 발표한 이른바 '민주주의 지수(democracy index)'를 보면, 167개국 가운데 한국은 16위를 차지했다고 합니다. 한국보다 상위에 위치한 나라는 노르웨이, 뉴질랜드, 핀란드 등 15개국뿐이니, 한국은 대단히 민주적인 국가라는 것을 알 수 있습니다.

놀라운 것은 한국이 아시아에서 일본보다 민주적인 국가라는 것입니다. 아시아의 대표적인 선진국인 일본마저 제친 것입니다(일본은 17위).

그런데 재미있는 것은 누구도 한국의 경제 부흥을 점치지 못했듯이, 한국이 민주 국가가 될 것이라고 예견한 사람이 거의 없었다는 점입니다. 심지어 1951년 영국 일간지 『런던타임스』는 한국에서 민주주의가 실현되는 것을 보려면, 차라리 쓰레기통에서 장미가 피기를 기다리는 것이 더 빠를 것이라는 평을 내놓기도 했습니다.

그러나 한국인들은 끊임없는 투쟁으로 민주화를 이룩했습니다. 이 투쟁 과정은 상당히 복잡해 간단하게 설명할 수는 없습니다. 그러나 확실한 것은 전 세계에서 민주화를 위해서 이렇게 열렬하게 투쟁한 민족은 찾아보기 쉽지 않다는 것입니다. 한국은 학생과 종교인, 정치인 등이 합심해서 엄청난 투쟁을 지속해, 그 어렵다는 민주주의를 쟁취했습니다.

그 과정에서 수많은 생명이 희생당하기도 했지만, 한국은 1987년을 기점으로 군사독재를 졸업하고, 민주주의를 실현하는 트랙으로 들어가서 지금과 같은 민주주의 국가를 만들었습니다.

한국에서는 현재 제3의 혁명이?

이처럼 한국은 지난 수십 년 동안 두 개의 기적을 행했는데, 지금 제3의 혁명이라 불릴 만한 일이 터질 조짐을 보이고 있습니다. 대중문화 혹은 연예 문화가 중심이 된 한류의 전 세계적인 발흥이 그것입니다. 지금 전 세계적으로 가장 핫한 한류는 대중음악과 영화와 드라마입니다.

이 세 장르 가운데 대표 선수를 꼽는다면, 2021년 현재 각각 음악의 '방탄소년단'과 영화의 〈기생충〉과 드라마의 〈오징어 게임〉일 것입니다.

이 가운데에서도 방탄소년단이 이룩한 경이로운 모습이나 기록은 타의 추종을 불허하는데, 이에 대해서는 다음에서 상세하게 보기로 하겠습니다.

여기서 강조하고 싶은 것은 한국은 대중문화 분야에서 전 세계적으로 상수(常數)가 되었다는 사실입니다. 쉽게 말해 한국은 세계 대중문화계에서 변수나 지류가 아니라는 것입니다. 변두리가 중심이 된 것입니다.

이런 상황이 무엇을 의미하는지 알려면, 한국이 지나온 과거 역사를 보면 그 전모를 곧 파악할 수 있습니다. 한국은 역사적으로 볼 때, 그 존재나 문화가 전 세계에서 두각을 보인 적이 없었습니다. 한국 문화는 지금껏 전 세계적인 조명을 받아본 적이 없었다는 말입니다.

여기에는 나름의 이유가 있기는 합니다. 그 가장 큰 이유 중의 하나는, 한국 옆에는 중국이라는 너무나 큰 나라가 있다는 것입니다. 게다가 중국은 그냥 큰 나라가 아니라, 인류 4대 문명 가운데 하나였으니 그 존재감이 막중했습니다. 그런 중국에 치여서 한국은 항상 중국의 변방으로만 이해될 뿐, 독립적인 국가로서 적절한 대접을 받지 못했습니다.

문화도 마찬가지였습니다. 중국 문화 혹은 문명의 거대한 그림자 밑에서, 한국 문화는 중국 문화의 연장 혹은 아류 정도로만 이해되었습니다. 독자성을 전혀 인정받지 못한 것입니다. 심지어 최근까지도, 한국은 자국어가 없어 중국어를 쓴다고 믿는 외국인이 적지 않게 있었습니다.

한국의 불행은 여기서 끝나지 않았습니다. 20세기에 들어오면서 한국의 바로 옆에서 일본이라는 강국이 부상했기 때문입니다. 일본은 문화뿐만 아니라 경제적으로 미국에 이어 제2위를 차지하는 국가가 되었으니, 그 막강한 역량 때문에 한국은 또 주눅 들게 됩니다. 그러니 한국이 일본의 그늘에 묻히게 되는 것은 당연한 결과였습니다. 게다가 한국은 36년 동안이나 일본의 식민지로 있었으니 그 존재감이 더 줄어들었습니다.

당시 일본은 콧대 높은 서양인들이 동아시아에서 유일하게 선진국으로 인정한 국가였습니다. 나아가 일본의 문화는 서양인들의 동경 대상이 되기도 했습니다. 서양인들은 아시아 국가들의 문화 가운데 유일하게 일본 문화를 따라 하는 것에 대해서 반감을 갖지 않았습니다. 그런 일본 문화에 비해 볼 때, 한국의 문화는 아예 없는 것이나 다름없었습니다.

그래서 외국인들, 특히 서양인들이 생각할 때 한국은 거의 존재감이 없는 나라였습니다. 그래서 최근까지도 서양인들은 'Korea'라는 단어를 들었을 때, 어떤 이미지도 떠오르지 않는다고 고백하는 경우가 허다했습니다.

이처럼 한국은 전 세계 최고의 강대국인 중국과 일본 사이에 끼어 있어 패싱당하기 일쑤였습니다. 예를 들어 어떤 서양인이 동북아시아 전통을 이해하려고 하면, 중국과 일본만 알면 그것으로 충분했습니다. 굳이 일본과 중국 사이에 끼어 있는 한국에 대해 신경 쓸 필요가 없었습니다.

중국과 일본의 문화는 이미 거대하기 짝이 없어 그것을 공부하기도 벅찹니다. 따라서 한국의 문화까지 알아야 할 이유를 느끼지 못한 것입니다. 이것이 무슨 말인지 여러분의 이해를 돕기 위해 불교를 예로 들어보겠습니다.

동북아시아를 대표하는 불교는 말할 것도 없이 선불교입니다. 이 선불교를 알려면 그것이 발생한 중국의 불교를 살펴보면 됩니다. 특히 당나라 때 융성을 거듭한 선불교를 조사하면 됩니다.

그런 다음 이 선불교가 교리적으로 가장 많이 연구된 일본의 불교를 살펴보면 됩니다. 이 두 나라의 선불교만 연구하면 이 불교의 전모가 다 드러납니다.

　그런데 사실 이것만도 연구하기 쉬운 주제가 아닙니다. 자료의 양이 방대하기 때문입니다. 당 나라 이후의 중국 선불교와 일본 선불교에 대한 자료는 어마어마합니다. 이것만 살펴보려고 해도 날이 부족합니다. 그러니 굳이 제대로 발전하지도 않은 것처럼 보이는, 한국 선불교는 들추어보지 않아도 됩니다. 따라서 선불교를 연구하는 사람은 한국의 선불교를 참고하지 않아도 아무 문제가 되지 않았습니다.

　이 영향으로 생각되는데, 영어로 된 세계불교사 책을 보면 항상 중국을 다루다 일본으로 건너뜁니다. 그렇게 해도 전혀 문제가 되지 않았기 때문입니다. 혹시 한국 불교를 다루는 경우가 있더라도 아주 간략하게 다루고 말 뿐, 중국이나 일본의 경우처럼 한 장을 할애해서 설명하지는 않습니다. 한국 불교는 세계 불교에서 그렇게 존재감이 없었습니다.

　한국은 다른 분야도 이와 별로 다르지 않았습니다.

한국은 대중문화 분야에서
전 세계적으로
상수(常數)가 되었다는 사실입니다.
쉽게 말해 한국은
세계 대중문화계에서
변수나 지류가 아니라는 것입니다.
변두리가 중심이 된 것입니다.

전혀 예상하지 못한 한류의 부상

과거에 이랬던 한국이 21세기에 들어오면서, 정반대의 상황을 맞이하기 시작했습니다. 다른 것은 모르지만, 적어도 대중문화 분야에서 한국이 전 세계를 선도하는 지경이 된 것입니다.

이 문화는 한류로 통칭되는데, 주로 대중음악이나 드라마, 영화가 주를 이루고 있습니다. 그런데 지금까지 이 세 장르에서 한국이 세계를 선도(先導)할 것이라고 예측한 사람은 아무도 없었습니다. 대신 한국인들은 어쩌다 어떤 한국의 문화가 세계에서 유행할라치면, 반짝하는 현상에 불과하다고 여겨 곧 사라질 것이라는 예측을 많이 했습니다.

한국인들은 이처럼 자국이나 자국의 문화를 내리깎는 데에 상당한 소질이 있는 것으로 보입니다. 그래서 한국에 무슨 문제가 생기면 '한국인은 이래서 안 되고, 저래서 안 되고'라고 하면서 스스로를 멸시하는 듯한 발언을 자주 했습니다.

이런 모습은 외국인 한국학자의 눈에도 띄었습니다. 미국의 브리검영대학(Brigham Young University)에서 30년 이상 한국 역사와 문화를 가르쳐 온 마크 피터슨(Mark Peterson) 교수는 '한국인은 세계에서 가장 자신에게 비판적인 민족일 것'이라고 설파한 적이 있는데, 이것은 정확한 지적으로 보입니다.

이와 관련해서 한 예를 들어보겠습니다.

그동안 한국인들은 노상 '한국의 경제나 산업은 노조 때문에 곧 망할 것이다'와 같은 말을 입에 달고 살지 않았습니까? 저도 1970년대 후반부터 줄곧 이런 말을 들었으니 40년 이상 들은 것이 됩니다.

그런데 그 40년 동안 한국 경제는 얼마나 발전을 거듭했습니까? 세계인들이 기적이라고 부르고 있을 정도로 엄청난 발전을 했습니다. 그런데도 한국인들은 여전히 한국의 경제는 위기에 빠져 있다고 말하고 있습니다.

이와 같은 모습은 한류가 발흥되고 발전하는 과정에서도 여실하게 나타났습니다. 이 모습을 아주 간략하게 보면, 한류의 시작은 대체로 1990년대 후반 〈사랑이 뭐길래〉라는 한국 드라마가 중국에서 유행한 것으로 잡습니다.

당시 1억 명이 훨씬 넘는 중국인들이 이 드라마에 열광하자, 한국인들은 처음 있는 일이라고 하면서 매우 생경해했습니다. 물론 그 드라마는 한국에서 큰 인기를 얻었습니다. 그러나 당시 한국인들은 이 드라마의 내용이 너무 한국적이라 다른 나라에는 통하지 않을 것이라고 생각했습니다. 그런 생각 때문에 한국인들은 중국인들이 이 드라마에 열광하는 것을 이해하지 못했습니다.

그래서 당시 한국인들은 중국인들이 저러다 말겠지 하면서 이 현상에 더 이상 관심을 두지 않았습니다. 그런데 뒤이어서 이번에는 한국의 어린 아이돌 그룹들이 중국에 진출해 큰 인기를 끌었고, 이들의 인기는 서서히 동남아시아로 번져나갔습니다.

이 상황을 본 한국인들의 반응은 또 자조적이었습니다. '한류는 이렇게 경제적으로 한국보다 아래에 있는 국가들에서만 통하지 이른바 선진국에서는 통하지 않을 것이다'라고 자평했으니 말입니다. 또 스스로에게 한계를 부여한 것입니다. 앞으로 어떤 일이 어떻게 벌어질지 제대로 모르면서, 한국인들은 자신의 문화가 지닌 확장성을 부정적으로 예단한 것입니다.

그러다 일본에서 〈겨울연가〉라는 한국 드라마가 그야말로 '빵' 터졌습니다. 한국인들은 그동안 자신들의 문화가 일본에서 인기를 끌 것이라고는 한 번도 상상하지 못했습니다. 20세기 후반부에 개발도상국에 불과했던 한국은 선진국인 일본의 문화를 통째로 베끼기에 바빴습니다. 대중문화 분야는 더 심했습니다.

서양의 선진국과 비슷한 수준을 자랑하던 일본의 대중문화는 한국인들의 눈에는 거의 난공불락처럼 보였습니다. 당시 한국인들은 스스로 '우리는 결코 일본을 능가하지 못할 것이다'라는 생각에 젖어 있었습니다. 그러던 때였는데, 〈겨울연가〉가 느닷없이 일본에서 엄청난 인기를 끈 것입니다.

당시 일본 여성들이 중심되어 형성된 팬들이 단체로 한국을 방문하는 일도 많았습니다. 나아가 일본에는 일종의 한국 애호 현상이 만들어지기도 했습니다. 그 외에도 〈겨울연가〉의 인기를 말해주는 다양한 현상들이 있지만, 잘 알려져 있으니 더 이상은 생략하기로 합니다.

어떻든 〈겨울연가〉 신드롬 덕에 한국 대중문화의 '일본 난공불락' 설은 폐기해야만 했습니다. 개발도상국인 한국의 대중문화가 일본 열도에서 유사 이래 대단한 성공을 거두었기 때문입니다.

그러나 아직 한국의 대중문화는 동남아시아와 동북아시아에서만 인기몰이를 하고 있었고, 그 이외의 다른 지역에서는 아직 주목을 받지 못하고 있었습니다. 그래서 그때에도 한국인들은 한류는 동아시아에서만 통할 뿐이지 더 이상의 확장성은 없을 것이라고 굳게 믿고 있었습니다.

그런데 이 믿음을 깬 것이 나왔으니, 그것은 〈대장금〉이라는 드라마였습니다. 이 드라마는 동아시아는 물론이고 중동의 아랍권에서 큰 인기를 누렸고, 급기야 아프리카로 그 세가 번져갔으며, 남아메리카에서도 큰 반응이 있었습니다. 그 방영 국가가 70~80개 국가였다고 하니 인기를 알 만하겠습니다.

그러나 〈대장금〉은 유럽이나 북미 지역에서는 거의 주목을 받지 못했습니다. 서양의 선진국들이 외면한 것입니다. 그래서 이때에도 한국인들의 반응은 자조적이었습니다.

'그것 봐라. 한류는 여전히 세계 문화의 주류인 서양은 뚫지 못하고 있지 않은가? 콧대 높은 서양의 백인들이 보기에 한국 문화는 아직 미숙하다'라는 식이었습니다. 당시 한국인들은 여전히 이런 태도를 고수하고 있었습니다.

그러다 2012년 한국의 대중문화 역사상 전무후무한 일이 일어납니다. 잘 알려진 것처럼 싸이의 〈강남스타일〉이라는 노래가 느닷없이 빌보드 차트 핫 100에서 2위에 등극한 것이 그것입니다. 그리고 이 노래는 그렇게 7주를 버텼습니다. 7주 동안 2위의 자리에 있었던 것입니다(1위는 저스틴 비버가 차지하고 있어서 그 자리를 치고 올라가기가 힘들었습니다).

이 차트에서 10권 안에 든다는 것은 대단히 어려운 일로 전 세계에서 발표되는 노래 가운데 극소수만이 가능한 일입니다. 게다가 비영어권의 노래가 여기에 들어가는 일은 거의 일어나지 않습니다. 그런데 싸이의 노래는 말춤 신드롬을 전 세계적으로 일으키면서 갑자기 2위에 올라갔으니, 대단해도 이렇게 대단한 일이 없는 것입니다.

사실 한국인들 가운데 이 노래가 전 세계적인 돌풍을 가져오리라고 예측한 사람은 전무했습니다. 왜냐하면 이 노래에 나오는 춤이나 작곡 수준이 한국에서도 B급에 속하는 것이라, 그런 노래가 전 세계적으로 통한다는 것은 생각할 수 없었기 때문입니다.

한국인들의 반응은 그때도 마찬가지였습니다. 이 싸이의 인기는 어쩌다 일어난 현상으로, 잠깐 바람이 불다가 꺼질 것이라고 예상한 것입니다.

그래서 한국인들은 앞으로 싸이를 능가할 만한 가수나 아이돌 그룹은 나오지 못할 것이라고 여겼습니다. 2000년대에 들어와 빌보드 차트 핫 100에서 2위를 차지한 것은 어떤 동양 가수도 도달하지 못한 대단한 기록이니, 이것을 깰 수 있는 가수는 없을 것이라고 본 것입니다.

　그렇게 생각하면서 시간이 흘렀는데 8년이 지나서 드디어 한국은 물론이고 전 세계의 가요계를 뒤엎은 임자가 나타났습니다. 주인공은 물론 한국 가수입니다.

　2020년에 빌보드 차트 핫 100에서 〈Dynamite〉라는 노래로 1위를 차지한 방탄소년단(이하 BTS)이 바로 그들입니다. 한국의 가수가 그 어렵다는 빌보드 차트 핫 100에서 드디어 1위를 한 것입니다.

　그러나 그것은 시작에 불과했습니다.

　BTS는 그 뒤에 계속해서 자신의 기록을 경신해 나가서, 외부에서 보는 우리가 그 기록을 따라갈 수 없는 지경이 되었습니다. 며칠이 지나지 않아 기록이 자꾸 바뀌니 그것을 일일이 따라갈 수 없게 된 것입니다.

　이로써 한국 대중가요의 해외 진출은 BTS 이전과 이후로 나뉘게 됩니다. 그들이 분수령이 된 것입니다.

한류의 정상, BTS의 출현

사실 BTS가 2020년에 빌보드 핫 100의 1위에 올라간 것은 갑자기 일어난 일은 아니었습니다. 오랜 시간 동안 그들이 끈기 있는 노력을 기울여 따낸 성과였습니다. 그동안 BTS가 이루어낸 기록은 너무나 많아 그것을 다 말할 수는 없고, 그 가운데 중요한 것들만 추려서 보기로 하겠습니다.

중요한 사건 중의 하나로 2014년에 결성된 유명한 팬클럽 '아미'를 빼놓을 수 없을 것입니다. 아미는 BTS가 전 세계적으로 뻗어나가는 데에 결정적인 역할을 합니다.

그 뒤로 BTS는 전원이 작사, 작곡에 참여한 〈화양연화(Young Forever)〉 등과 같은 곡으로 미국, 영국, 일본, 중국 등지의 음원 차트에서 상위권에 진입합니다.

그러다 2018년에 〈LOVE YOURSELF 轉 Tear〉라는 곡으로 빌보드 200에서 드디어 1위를 기록합니다. 빌보드 200은 핫 100과 함께 빌보드의 메인 차트로, 조사하는 방법이 서로 조금 다를 뿐 그 영향력은 비슷하다 하겠습니다.

그 뒤부터 BTS는 엄청난 기록의 행진을 맞이합니다. 2019년에는 미국 『타임』지 선정 '세계에서 가장 영향력 있는 인물 100인'에 선정되는 기염을 토하기도 했습니다. 앞에서 말한 대로 2020년에 〈Dynamite〉로 빌보드 핫 100에서 1위를 하는데, 이 노래는 또 BTS의 핫샷 1위 곡으로 유명합니다.

이 노래가 핫샷 1위를 했다는 것은 발매한 첫 주에 빌보드 차트 1위에 등극했다는 것을 의미하는 것입니다. 이것은 이 노래의 인기가 서서히 오른 것이 아니라 발매와 함께 폭발했다는 것을 뜻합니다. 같은 인기곡이라 해도 이렇게 발매와 함께 인기가 폭등하는 곡을 다르게 취급하는 것입니다.

그런가 하면 같은 해에 또 진기록이 나옵니다. BTS는 그해 11월에 〈Life Goes On〉이라는 제목의 노래로 빌보드 핫 100에서 1위를 하게 되는데, 이 기록은 또 다른 의미를 지니고 있습니다. 이 노래는 제목만 영어이지 가사는 한국어와 영어가 섞인 비영어권의 노래로 분류됩니다. 그러한 노래가 이러한 기록을 달성한 것은 대단한 사건입니다.

빌보드 차트는 미국에서 작성하는 것이기 때문에, 그 상위 순위에는 영어권 노래가 대부분입니다. 이것을 뚫고 한국어(그리고 약간의 영어)로 된 가사의 노래로 1위를 했다는 것은 대단한 일이 아닐 수 없습니다.

한국어로 된 노래가 빌보드 차트에서 1위를 한 것은 이 노래가 처음이라는 데에서, 이 사건은 중요한 의미를 갖습니다. 그리고 이 노래도 〈Dynamite〉처럼 발매 첫 주에 1위가 되면서 핫샷의 경지에 오르게 됩니다.

이들의 기록은 아직 다 하지 않았습니다.

2021년이 되어 〈Butter〉를 발표하는데, 이 노래도 핫샷이 되었고, 곧이어 발표한 〈Permission to Dance〉도 핫샷으로 등극하니 참으로 대단한 기록이라 하겠습니다. 특히 〈Butter〉는 10주 동안 빌보드 1위를 차지해서 BTS의 노래 가운데 가장 오랫동안 이 부문에서 1위를 차지했습니다(이에 비해 〈Permission to Dance〉는 1주만 1위에 머무름).*

이러는 가운데 또 BTS만의 진기록이 탄생합니다. 그들은 빌보드 역사상 최초로 핫샷 데뷔곡을 3곡 이상 갖고 있는 밴드라는 것입니다. 솔로 가수로는 같은 기록을 가진 사람이 머라이어 캐리나 저스틴 비버 등 6인이 있지만, BTS처럼 그룹으로 된 가수는 그들이 처음이라는 것입니다.

이렇게 BTS는 눈만 뜨면 새로운 기록을 만들기에 바쁩니다. 이 강의 원고를 쓰는 중에도, BTS가 또 기록을 경신했습니다. 2021년 9월 24일에 BTS가 영국 밴드인 콜드플레이와 협업해서 만든 〈마이 유니버스〉라는 노래가 공개된 지 1주 만에 빌보드 차트 핫 100에 1위로 올라선 것입니다. 이 곡 역시 핫샷이 된 것입니다. 이 덕에 BTS는 지난 10년간 가장 많은 곡을 핫 100에 올린 가수가 되었다고 합니다.

BTS 다음으로는 아리아나 그란데가 4곡, 저스틴 비버가 3곡으

---

* 이 기록을 정확히 말하면 다음과 같다. 〈Butter〉는 7주 동안 1위에 있다가 자신의 노래인 〈Permission to Dance〉에 1위를 빼앗긴다. 그러나 곧 다시 1위의 자리를 탈환하고 3주 동안 1위를 한다. 그래서 전체적으로 10주간 1위를 한 것이다. 이처럼 빌보드 차트 핫 100에서 자신의 1위 곡을 자신의 다른 곡으로 바꾼 가수는 BTS가 14번째라고 하는데 이것 역시 진기록임이 틀림없다.

로 그 뒤를 잇고 있습니다. BTS의 청년 단원들은 이 같은 세계적인 가수들마저 뛰어넘었으니, 그들의 인기나 기록은 상상을 절한다고 할 수 있습니다.

그런데 이 원고를 고치는 중에 BTS가 또 기록을 세웠습니다. 2021년 11월에 아메리칸 뮤직 어워즈(American Music Awards)에서 대상에 해당하는 '올해의 아티스트' 상을 받은 것입니다. 아시아 가수 가운데 이 상을 받은 가수는 BTS가 처음이라고 합니다. 그래서 이제 남은 상은 '그래미' 상이라고 하는데 결과는 두고 보아야 할 것입니다.

사실 이와 함께 이들의 유튜브 기록도 중요한데 그것을 다 살펴보는 일은 번거롭기 짝이 없습니다. 또 그들의 기록을 더 나열하는 것은 여러분의 이해를 더 혼란스럽게 만들 것 같아 다음의 한 항목만 볼까 합니다.

앞에서 본 것처럼 빌보드 차트에서 10주 동안 1위를 차지했던 〈Butter〉의 유튜브 기록을 보면 충분하겠다는 생각입니다. 〈Butter〉가 이루어낸 유튜브 기록(2021년 10월 현재)을 보면 다음과 같습니다. (이 기록들은 박사과정 제자인 홍송희 씨가 정리한 것입니다. 홍송희 씨에게 감사를 표합니다.)

유튜브 영상 프리미어 최다 조회수—기네스 레코드 등재

유튜브뮤직비디오 프리미어 최다 조회수—기네스 레코드 등재

24시간 내 최다 시청 유튜브 뮤직비디오—기네스 레코드 등재

K-POP 그룹 24시간 내 최다 시청 유튜브 뮤직비디오—기네스 레코드 등재

최단 시간 뮤직비디오 조회수 1억뷰 돌파—21시간

최단 시간 뮤직비디오 조회수 2억뷰 돌파—4일 1시간

최단 시간 뮤직비디오 조회수 3억뷰 돌파—14일 10시간

BTS의 기록은 이보다 훨씬 많습니다.

각종 음악제에서 최고의 상을 받은 것이나 경이로운 음반 판매량, 또 소셜 아티스트 선정 부문에서 항상 최고의 자리를 선점하는 것 등 언급해야 할 것이 부지기수로 있습니다. 그러나 앞에서 거론한 것만으로도 그들의 세계적인 인기를 알 만할 것 같습니다.

게다가 그들의 기록은 쉴 새 없이 새롭게 바뀌기 때문에, 이 강의에서 그것을 다 언급하는 것 자체가 무의미할 수 있습니다. 왜냐하면 이 책이 나올 무렵이면, 위에서 말한 기록들을 또 수정해야 할지도 모르기 때문입니다.

이번 강의에서 보려고 하는 것은 BTS의 활약상이 아니라, 그들의 활발한 활동이 어떻게 가능했는가에 대한 것입니다. 특히 그 근본적인 원인을 살펴보았으면 합니다. 이를테면 그들이 그렇게 활동할 수 있게 만든 한국의 문화 풍토가 어떤 것인가를 보겠다는 것입니다.

BTS의 활약을 보면 특별한 것이 많이 있습니다. 그 가운데 가장 특별한 것이 있다면, BTS 같은 세계적인 그룹이 갑자기 세상에 튀어나온 것을 꼽아야 할 것입니다.

대중음악계에서 BTS 같은 거물이 나오려면 그들이 나올 수 있는 풍토가 마련되어 있어야 합니다. 그런 기라성 같은 그룹이 아무것도 없는 황무지에서 나온다는 것은 있을 수 없는 일입니다.

만일 그들이 서양에서 나왔다면 그것은 전혀 이상한 일이 아닐 것입니다. 서양의 대중음악 전통은 오래된 역사와 심오한 내용을 갖고 있기 때문입니다.

우리가 즐기고 있는 서양 대중음악은 많은 부분이 락(Rock) 음악에 뿌리를 두고 있습니다. 이 락 음악이 어떻게 시작됐고 어떤 방향으로 발전했는가는 잘 알려진 사실입니다. 그 전체 과정을 살펴보면 락이 매우 유구한 역사를 갖고 있다는 것을 알 수 있습니다.

서양인들은 락 음악을 여러 형태로 변형 발전시키면서, 새로운 음악을 만들어왔습니다. 그리고 그런 배경에서 서양인들은 매우 다양한 노래를 부르는 가수들을 배출해냈습니다. 따라서 이런 토양에서 BTS 같은 걸출한 그룹이 출현했다면, 그것은 전혀 이상한 일이 아닐 것입니다.

그런데 BTS를 배출한 한국에는 그런 음악 전통이 없지 않습니까? 대중음악과 관련해서 한국인들이 지난 수십 년 동안 한 일은 서양의 대중음악을 따라 하는 것뿐이었습니다(여기서 트로트 음악은 제외합니다).

특히 그들이 미국의 대중음악을 추종하면서 보였던 열정은 대단한 것이었습니다. 그러나 그들이 도달한 대중음악의 수준은 미국의 그것을 복사하는 수준이었지 새로운 것을 만들어내는 그런 경지는 언감생심이었습니다. 그러니 서양, 그중에서도 미국에서 한국의 대중음악은 설 자리가 없었습니다. 미국인들의 뇌리에는 한국의 대중음악이라는 자리가 아예 처음부터 없었습니다.

양국의 대중음악계는 대체로 이 같은 상황이었는데 여기에서 느닷없이 BTS가 튀어나온 것입니다. 물론 BTS 이전에도 싸이나 소녀시대, 원더걸스 같은 한국 가수들이 미국 시장을 두드리기는 했습니다. 그러나 그들이 미국, 더 나아가서 전 세계적으로 최고의 자리에 오르지는 못했습니다.

싸이가 조금 예외일 수 있지만, 그의 인기도 그다지 오래간 것은 아닙니다. 한국의 대중음악 가수들이 세계적인 톱스타가 되지 못하는 것은 당연한 일입니다. 한국의 대중음악계처럼 남의 음악을 따라 하다가 그 분야에서 최고가 되는 것은 일어날 수 없는 일이기 때문입니다.

아시아에서 한국을 제외한 다른 나라에서 이런 일이 벌어지지 않은 것을 보면 이 사정을 알 수 있지 않을까 싶습니다. 최근에 아시아에서 서양의 대중음악이 가장 발달한 나라를 든다면 일본을 꼽을 수 있을 것입니다. 일본은 한국보다 훨씬 일찍 서양 대중음악을 시작했고, 그 결과 꽤 주목할 만한 밴드가 나오기도 했습니다. 그런데 그런 일본에서도 BTS 같은 밴드는 나오지 않았습니다. 일본의 가수들이 동아시아에서는 인기를 끌었는지 모르지만, 서구에서는 그 존재감이 거의 없었습니다.

그 사정은 그들이 지난 수십 년 동안 빌보드 차트에서 10위 권에 들어간 노래를 만들어내지 못했다는 데에서도 알 수 있습니다. 하나의 예외를 제외하고 말입니다. 그 예외는 〈스키야키〉라는 재미있는 제목의 노래인데, 이 노래는 1963년에 빌보드 핫 100 차트에서 3주 동안 1위를 차지하는 기염을 토했습니다.

그러나 그 뒤로는 어떤 일본 가요도 빌보드 차트 10위 안에 올라간 적이 없습니다. 아시아 가수로서 이것을 처음으로 깬 것이 한국 가수인 싸이였습니다. 그다음에 BTS가 어떤 기록을 남겼는가는 앞에서 말한 대로입니다. 이처럼 서양의 대중음악에 관한 한 아시아에는 한국을 필적할 만한 나라가 없게 되었습니다.

여기서 우리는 다음과 같은 질문을 던질 수 있습니다. 한국은 다른 아시아 국가와 어떻게 다르기에 그들의 대중음악이 세계를 석권할 수 있었느냐고 말입니다.

여기에는 수많은 요소가 작용했을 것입니다. 이 주제에 대해서는 꽤 많은 연구가 이루어졌습니다. 그 연구 결과는 이렇게 요약할 수 있습니다.

한국의 대중 음악가들은 세계 시장을 공략하기 위해 여러 가지 방법을 활용했는데 예를 들면, 자신들의 음악을 만들 때 알앤비나 일렉트로닉, 팝, 힙합이 주축이 된 구미의 대중음악적 트렌드에 조율했다고 합니다. 이 일을 가능하게 하려고 국내외의 창작자들이 철저한 분업을 전제로 한 협업을 한 것도 주효했습니다. 이들이 이 같은 음악적인 요소에만 집중한 것은 아닙니다.

자신들의 음악을 알릴 새로운 통로를 모색한 것입니다. 이들은 이 작업을 하기 위해 이전의 그룹들처럼 기존의 지상파나 케이블 방송 채널에만 집중한 것이 아니라, 유튜브나 브이로그 채널, 소셜 미디어 등 새로운 미디어 플랫폼을 활용했습니다.

특히 소셜 미디어 분야에서는 한국 밴드의 영상이 #(해시태그)나 직캠, 커버댄스 반응 동영상 등으로 2차 생산되어 그것을 통해 더 넓게 퍼지게끔 했습니다.

이 강의에서는 그 같은 1차원적인 분석을 넘어서, 한국인들이 원천적으로 갖고 있는 것으로 보이는 어떤 기운에 대해 살펴보려고 합니다.

이것은 기운이라 해도 좋고 정신이라 해도 좋은데, 그 이름이 어떻든 한국인들만이 갖고 있는 것으로 보이는 어떤 정신적인 성향 혹은 기질을 말합니다. 한국인들은 그 심성(psyche)의 핵심에 바로 이런 기운 혹은 힘을 갖고 있다고 나는 생각합니다.

나는 이것을 이미 오래 전에 "신끼(神氣)"라는 단어로 축약해서 설명했습니다.

그리고 그 제목으로 책(『세계가 감탄한 한국의 신기』)을 내기도 했습니다. '신끼'란 사람이 무슨 일을 하든지 신에 의해 빙의된 것처럼 사람을 놀누하게 만드는 그런 기운을 말합니다.

그 과정에서 엄청난 에너지가 생기고, 그 에너지 덕에 사람들은 신들린 것처럼 행동합니다. 한국인들이 바로 이렇다는 것인데 이 신끼를 체험할 수 있는 가장 좋은 방법은 춤과 노래입니다.

이 때문에 한국인들은 일상적으로 노래와 춤을 해댔는데 그러는 과정에서 신기가 솟구치면서 강력한 에너지를 발산했습니다. 이것은 매우 인문학적인 접근으로 검증하거나 증명할 수 있는 것은 아닙니다.

인문학적인 설명은 어떤 사실을 증명하는 데에 목적이 있는 것이 아니라, 서로 소통할 수 있는 이해의 장을 만들자는 데 주안점을 두고 있습니다. 그렇게 해서 이해의 일치를 이루면 그 설명이 좋은 이론으로 통용되는 것입니다.

한국인의 신끼와 한류

우리는 이제 한국인이 갖고 있는 것처럼 보이는 이 신끼의 근원이 무엇인가에 대해 본격적으로 탐색할 것입니다.

그런데 그전에 이 기운과 관련해 최근(2021년)에 주목할 만한 현상이 일어나서 그것을 한 번 살펴보고자 합니다. 이 현상은 하도 독특해서 그냥 지나칠 수 없을 것 같아 여기서 꼭 언급했으면 합니다.

앞에서 한국인이 지니고 있는 것으로 보이는 이 신끼라는 기운이 끓어오르는 현장에 대해, 나는 영화에서는 〈기생충〉을 예로 들었고, 드라마에서는 〈오징어 게임〉을 예로 들었습니다.

이 가운데 〈기생충〉에 관한 정보는 많이 알려져 있어, 세세한 설명이 필요 없겠습니다. 이 영화가 많은 상을 받았지만, 수상의 정점은 2020년에 열린 제92회 미국 아카데미 시상식에서 '작품상, 감독상, 각본상, 국제장편영화상' 등 무려 4개의 상을 받은 것입니다. 아카데미 4관왕이 된 것만 언급해도 그 의미는 충분할 것 같습니다.

우리가 여기서 잠깐 시간을 들여 주목해야 할 작품은 바로 〈오징어 게임〉입니다. 이 드라마가 한국 드라마 역사를 다시 쓰고 있기 때문입니다.

이 드라마에 관해 이야기하기 전에, 우리는 OTT(Over The Top) 체제의 세계적인 확산에 대해 언급해야 합니다.

〈오징어 게임〉은 이 체제를 통로로 삼아 전 세계로 전해졌으니, 이것에 대해 기본적인 지식이 있어야 이 드라마를 이해할 수 있습니다. OTT 체제란 기존의 방송국을 통해 미디어 콘텐츠를 제공하는 것이 아니라, 개방된 인터넷을 이용해서 방송 프로그램이나 영화, 드라마 등을 제공하는 새로운 서비스를 말합니다.

이 용어에서 Top은 TV 셋톱 박스(set-top box)를 뜻합니다. 따라서 over the top은 그 박스, 즉 기존의 TV 방송을 넘어서 서비스를 제공하겠다는 말을 뜻합니다. 이 서비스 덕에 시청자들은 기존의 방송국을 통하지 않고, 자신의 컴퓨터를 통해 다양한 영상 프로그램들을 받아볼 수 있게 됩니다.

이것은 획기적인 변화입니다. 기존의 방송국이 필요 없으니 말입니다. 게다가 시청자들은 자신들이 필요한 프로그램만 받아 볼 수 있으니, 매우 주체적인 시청을 할 수 있게 되었습니다.

한국 드라마는 그동안 실력에 비해 세계로부터 제대로 인정을 받지 못하고 있었습니다. 이렇게 된 이유는 간단합니다. 유통 능력이 떨어졌기 때문입니다. 한국 드라마를 다른 나라에 팔려면 국가별로 판매처를 확보해야 하는데 이게 쉬운 일이 아니었습니다.

원래 장사할 때 유통이 가장 어려운 법입니다. 사람들은 상품 제작이 가장 어려운 작업이라고 생각하는 경향이 있지만, 실제 현장에 가보면 유통이 가장 어려운 일이라는 것을 즉시 알게 됩니다. 이 일이 어려운 이유는 간단합니다. 기존의 유통망을 뚫고 들어간다는 것이 쉬운 일이 아니기 때문입니다. 상황이 이랬기 때문에 한국 드라마는 전 세계로 활발하게 유통되지 못했습니다.

그러다 넷플릭스 같은 세계적인 OTT 기업이 등장하면서 한국의 드라마는 완전히 다른 세상을 만나게 됩니다. 전 세계적인 유통망을 어렵지 않게 확보한 것입니다. 좋은 드라마만 만들면 넷플릭스 같은 회사에서 알아서 전 세계로 보내주니 얼마나 좋습니까? 그 뒤부터 전 세계인들은 넷플릭스를 통해 개인적으로 한국 드라마를 손쉽게 시청할 수 있게 되었습니다.

이렇게 상황이 바뀐 것에 대해, 혹자는 이렇게 비유하기도 합니다. 즉 이전에 한국은 여러 소매점을 일일이 상대하느라 힘이 달렸는데, 넷플릭스 같은 큰 도매상 하나를 잡으니 유통 문제가 말끔하게 해결된 것이라고 말입니다. 물론 이 일이 공짜로 생긴 것은 아닙니다. 한국 드라마의 가능성을 간파한 넷플릭스가 한국 드라마 제작에 많은 돈을 투자했기 때문에, 이런 숙원 사업이 가능하게 된 것입니다.

이 회사의 대표인 헤이스팅스라는 사람이 '한국은 세계 엔터테인먼트 사업의 중심축'이라는 말을 했다고 하는데, 이런 말을 할 수 있었던 것은 그만큼 한국의 연예 사업의 가능성을 높이 평가했기 때문일 것입니다.

이런 현상과 관련해서 나는 이전 책(『세계를 홍 넘치게 하라』)에서 한국 드라마에 대해 다음과 같이 진단하면서 한류에 대한 설명을 끝낸 적이 있습니다.

"한국 드라마의 미래를 정확히 예측하는 것은 어렵지만 OTT의 확산은 또 하나의 한류를 탄생시킬 수도 있다는 조심스러운 진단을 해본다."

이렇게 말한 것이 2020년 말이었습니다. 그런데 2021년의 후반부에 이른 현재, 이 말이 사실이 되어버렸습니다. 2021년 후반부에 전 세계를 달구고 있는 〈오징어 게임〉의 인기 폭발이 그것입니다. 나 역시 이런 진단을 할 때 이 예측이 이렇게 빨리 실현될 줄은 전혀 예상하지 못했습니다.

그런데 이 진단을 하고 일 년도 채 안 되어 〈오징어 게임〉 드라마가 엄청난 일을 했으니, 어안이 벙벙할 지경입니다. 2021년 말에는 〈오징어 게임〉에 이어 〈지옥〉이라는 한국 드라마가 넷플릭스의 인기 드라마 목록에서 〈오징어 게임〉을 제치고 1위를 했는데, 한국 드라마의 상황은 이렇게 빨리 바뀌고 있어 따라갈 수 없는 지경이 되었습니다.

어쩌다 〈오징어 게임〉 같은 걸작 드라마가 나왔을까?

사실 지금 〈오징어 게임〉을 분석하는 글을 쓰는 것은 별로 바람직한 일이 아닙니다. 〈오징어 게임〉 현상은 여전히 진행되고 있어 어디로 어떻게 갈지 모르기 때문입니다. 앞에서 말한 것처럼 벌써 〈지옥〉이라는 드라마가 새로 나와 인기가 폭발하고 있으니, 〈오징어 게임〉만 분석하는 데에 주저감이 드는 것도 당연합니다. 그러나 〈오징어 게임〉이 지금까지 세운 기록이 이미 엄청나기 때문에, 그것을 중심으로 이 드라마를 분석해 보았으면 합니다.

우선 〈오징어 게임〉은 넷플릭스 사상 최초의 기록을 세웠고 앞으로 이 기록은 깨기 힘들 것으로 예측됩니다. 그래서 넷플릭스 작품 가운데 최고의 작품으로 등극할 것이라는 조심스러운 예측도 있습니다. 넷플릭스 사상 최초의 기록이라는 것은 넷플릭스가 제공되는 83개국에서 〈오징어 게임〉이 모두 1위를 했다는 사실을 뜻합니다.

이런 기록을 가진 드라마는 일찍이 없었다고 합니다. 점수로 따지면, 2위 드라마인 영국 드라마를 100여 점 이상으로 여유 있게 따돌렸습니다. 이것은 이전에 다른 드라마가 갖지 못한 기록인데 그런데 안타깝게도 올킬(All Kill)의 기록은 세우지 못했습니다. 올킬이란 모든 나라에서 동시에 1위를 하는 것을 말하는데, 〈오징어 게임〉은 하루 차이로 이 기록을 달성하지 못했습니다.

〈오징어 게임〉이 1위를 하지 못한 마지막 세 국가는 영국과 남아프리카, 인도였는데 결국에는 이 국가에서도 〈오징어 게임〉이 1위로 등극하기는 했습니다. 그런데 안타깝게도 그때 〈오징어 게임〉이 덴마크와 터키에서 2위로 내려가는 바람에 올킬에 실패한 것입니다. 그래도 〈오징어 게임〉이 세운 기록은 대단해서, 이 드라마가 역대 최고의 인기 작품이 될 수 있다고 한 것입니다.

〈오징어 게임〉이 갑자기 튀어나온 것은 아닙니다. 그 이전에 이미 여러 종류의 한국 드라마들이 꿈틀꿈틀거리며 인기몰이를 하고 있었습니다. 〈킹덤〉이나 〈스위트홈〉, 〈승리호〉, 〈D.P.〉 같은 드라마들이 〈오징어 게임〉 이전에 인기를 끌었습니다. 그런데 〈오징어 게임〉은 전 세계 1위 시청률을 기록했다는 의미에서 다른 드라마와 비교가 되지 않습니다.

이 대목에서 우리는 왜 〈오징어 게임〉이 이런 인기를 끌 수 있었을까에 대해 생각하지 않을 수 없습니다. 이것은 앞으로 많은 분야에서 다양한 연구가 있어야 확실한 전모를 알 수 있을 테지만, 〈오징어 게임〉 '현상'은 매우 특이해서 간단한 진단이라도 했으면 하는 생각입니다.

아직은 개인적인 생각에 불과하지만, '오징어 현상'은 많은 부분이 한국인의 게임 사랑 정신에서 비롯된 것 같습니다.

한국인은 일상에서 게임 하는 것을 무척 좋아합니다. 그런데 한국인들은 게임을 할 때 그저 노는 정도에 그치는 것이 아니라, 게임의 스릴을 느끼기 위해 당사자나 팀 사이에 경쟁심을 부추깁니다. 게임을 가볍게 즐기는 차원에서 하는 것이 아니라 끊임없이 상대방과 경쟁하면서 어떻게 해서든 상대방을 이기려고 애를 씁니다. 게임에서 이겨봐야 생기는 것도 없는데, 한국인들은 팀을 나누어 죽어라 경쟁을 합니다.

이것은 한국인들이 즐겨 보는 TV 프로그램을 보면 잘 알 수 있습니다. 대중가요를 가지고 경연하는 프로그램은 경쟁을 너무나 부추겨서 보는 이도 불편하게 만들 지경입니다.

2020년대 초반에 있었던 트로트 가요 경연대회는 참가자들에게 경쟁을 너무 조장해 시청자들이 편안하게 음악을 감상하는 일을 방해하기까지 했습니다.

이 같은 모습은 한국인들이 좋아하는 다른 예능 프로그램(〈런닝맨〉, 〈무한도전〉, 〈아는 형님〉 등등)에서도 마찬가지로 발견됩니다. 이 프로그램에도 게임 하는 장면이 많이 나옵니다. 그런데 그냥 가볍게 게임 하는 것이 아니라, 노상 팀을 만들어 문제를 내고 상호 간에 격한 경쟁을 시킵니다.

심지어 음악을 송출하는 FM 방송에서도 그냥 음악만 틀기 심심한지, 두세 사람을 전화로 연결해서 퀴즈 놀이를 합니다. 그리고 반드시 그 가운데 승자를 뽑아 상을 안깁니다. FM 방송이라는 것은 원래 음악을 듣기 위해 청취하는 방송인데, 한국인은 그저 편하게 음악 듣는 것이 성미에 차지 않는 것입니다. 그보다는 퀴즈 게임을 하면서 스릴을 느껴야 사는 것 같으니, 잔잔한 음악 프로그램마저 게임 프로그램으로 만드는 것입니다.

한국인들의 이러한 놀이 정신, 즉 놀되 경쟁을 하지 않으면 안 되는 놀이 정신은 뿌리가 깊습니다.

이러한 정신이 가장 잘 보이는 사회 현상 가운데 하나는 대학생들에게서 발견됩니다. 대학을 다녀본 사람들은 이른바 MT라는 것을 체험해 보았을 것입니다. 학생들이 서로 간에 유대를 다지겠다고 이 모임을 하는 것인데, 그들이 MT 가서 하는 일이 무엇입니까? 서로 대화를 하면서 상대방을 이해하고 좋은 주제를 놓고 토의하는 게 아닙니다.

이들이 MT 동안 하는 일은 처음부터 끝까지 술 마시면서 게임하는 것입니다. 그저 놀자는 것인데 그렇다고 놀기만 하는 것도 아닙니다. 놀면서 서로 간에 경쟁을 시키고 이긴 자와 진 자를 엄격하게 구분해냅니다. 그래서 진 자에게는 혹독한 벌을 내리는 등 그들의 게임은 살벌하기 짝이 없습니다. 전 세계 대학생 가운데 이렇게 게임을 좋아하고 경쟁을 좋아하는 학생이 또 있을지 모르겠습니다.

한국인의 게임 사랑은 얼마든지 예를 더 들 수 있지만, 이 정도면 충분할 것 같습니다.

그럼에도 불구하고 마지막에 하나 더 언급하고 싶은 것은 한국인의 인터넷 게임 사랑입니다. 한국인이 스타크래프트나 LOL 같은 인터넷 게임을 얼마나 잘하는지는 너무도 잘 알려진 것이라 다시 이야기할 필요가 없을 정도입니다.

이런 게임이 국제적으로 벌어졌을 때, 마지막 결승전에 한국 선수들만 올라가는 경우가 많다는 것도 잘 알려진 사실입니다. 이런 인터넷 게임은 기민성이나 호전성 혹은 상대방을 반드시 이기겠다는 경쟁심 등 매우 거친 성향이 발달되어 있는 사람이 잘할 수 있는 것입니다.

그런데 한국인은 바로 이러한 성향들이 매우 발달한 사람들로 보입니다.

먼저 기민성을 보면, 흔히들 한국 선수들이 게임 하는 광경을 보면 그들의 손이 움직이는 모습이 어찌나 빠른지 거의 보이지 않을 정도라고 합니다.

한국 게이머들은 이러한 기민성과 함께 호전적인 야만성도 갖고 있습니다. 그들이 상대방을 거칠게 몰아치는 것을 보면 대단한 싸움꾼이라고 하지 않을 수 없습니다. 한국 게이머들은 일상에서 이미 살인적인 경쟁을 많이 겪었기 때문에, 이러한 모습을 보이는 것이 당연하리라 생각됩니다.

이렇게 보면 〈오징어 게임〉이라는 드라마는 상상 속의 현상이 아니라, 한국인들이 일상적으로 하는 것을 과장해서 복제한 것이라고 할 수 있을 것 같습니다.

한국인처럼 피 튀기게 경쟁하는 게임을 일상적으로 하는 민족이 능히 만들 수 있는 드라마가 〈오징어 게임〉이라는 것입니다. 〈오징어 게임〉처럼 완성도 높은 게임을 다루는 드라마가 나올 수 있었던 것은, 한국인들이 자신들이 제일 잘하는 것을 가지고 만들었기 때문이라고 할 수 있을 것입니다.

'한' 게임 하는 한국인이 게임 드라마를 만들었기 때문에 '리얼'
한 드라마를 제작할 수 있었을 것입니다. 그런데 한국인의 이러한
게임 사랑 정신의 저류를 파고 들어가 보면, 거기에는 한국인의 신
끼가 흐르고 있는 것을 발견할 수 있습니다.

하나에 미치면 좌고우면하지 않고 치닫는 그런 호전적인 신끼의
정신이 한국인의 게임 사랑 저류에 흐르고 있다는 것입니다.

사실 한국인의 신끼 정신은 이보다 훨씬 더 광범위한 영역에서
힘을 발휘하고 있는데, 그에 대해서는 다음 강의에서 더 자세히 설
명하려고 합니다.

BTS는 그 뒤에 계속해서
자신의 기록을 경신해 나가서,
외부에서 보는 우리가
그 기록을 따라갈 수 없는
지경이 되었습니다.
며칠이 지나지 않아 기록이
자꾸 바뀌니 그것을 일일이
따라갈 수 없게 된 것입니다.

이로써 한국 대중가요의
해외 진출은 BTS 이전과 이후로
나뉘게 됩니다.
그들이 분수령이 된 것입니다.

제3강: 한국인은 왜 예능과 놀이에 능할까?

2021년 9월에 저는 한 신문에 다음과 같은 칼럼을 썼습니다.

요즘 한국을 둘러싸고 무엇 하나 시원한 이야기가 없다. 모든 국민이 역병 때문에 1년여를 고생하는 터라 좋은 이야기가 나올 리 만무하다. 게다가 정치권은 예나 지금이나 엉망진창이라 더 답답하다. 이래서 나라가 제대로 되겠나 하는 자조감마저 든다. 사람 중에는 이러다 한국이 망하는 것 아니냐는 공연한 걱정을 하는 사람도 있다.

나도 한국의 현실이 마음에 들지 않지만 최근에 범상치 않은 사건을 하나 발견하고 한국은 앞으로 망하기는커녕 장래가 밝다는 결론을 내리게 됐다. 그렇게 생각하게 만든 것은 미국의 인기 프로그램인 '아메리카 갓 탤런트'에 출연한 한국의 '세계태권도연맹'의 시범단이었다. 이 팀은 10팀만이 진출할 수 있는 결승전에 올라갔으니 이미 큰 성과를 이룬 것이다. 1등이 되면 100만 달러를 상금으로 준다니 이 대회는 규모가 대단한 것이다.

이번에 한국팀으로 이들만 있었던 것은 아니다. 4인조 남성 보컬 팀인 '코리안 영혼(Korean Soul)' 역시 준결승에 올라가는 기염을 토했다. 이들은 K-pop이 아니라 미국의 가스펠곡을 불러 심사위원들로부터 흑인 장르의 음악을 아름답게 소화했다는 칭찬을 받았다. 한국 팀의 활약은 아직 끝나지 않았다. 유명 비보이 그룹인 '독특 크루'가 독특한 한복을 입고 블랙 핑크의 'Kill This Love'란 노래에 맞추어 춤을 추어 심사위원들로부터 극찬을 받았다. 어떤 심사위원은 이들의 춤은 K-pop과 또 다른 K-dance라는 독립된 장르를 열 수 있는 경지라고 평가했다.

이렇게 한국의 젊은이들이 무예, 노래, 춤 등에서 범접할 수 없는 경지를 선보이자 어떤 심사위원은 '도대체 한국 문화에는 무슨 특별한 힘이 숨어 있는 거냐'고 반문했다. 심사위원들은 BTS나 싸이 등을 통해 한국 가수들의 실력은 익히 알고 있었을 것이다. 그런데 이 대회에 참석한 팀들은 그런 기성 가수가 아니라 학생, 직장인들로 구성된 평범한(?) 일반인들이었다. 그런데 이들이 이 같은 엄청난 재능을 보이자 심사위원들이 놀라고 만 것이다.

『서울신문』 2021년 9월 17일

이 글에 나온 것 중에 가장 중요한 것은 '도대체 한국 문화에는 무슨 특별한 힘이 있는 거냐'라고 물은 심사위원의 질문이라 하겠습니다. 그가 이런 질문을 한 것은 세계 대중문화계에서 별 관심을 받지 못했던 한국에서 갑자기 이같이 뛰어난 퍼포먼스가 등장했기 때문일 것입니다. 그들에게는 이런 공연들이 흡사 하늘에서 떨어진 것처럼 보일지도 모르겠습니다.

물론 이 심사위원이 싸이나 BTS가 한국 가수라는 것은 알고 있었을 것입니다. 그러나 이름이 없는 일반 한국인들이 이 같은 세계적인 수준의 공연을 하니 놀란 것입니다. 한국인들에 대해서는 별 정보가 없기 때문에 어떤 기대도 하지 않았는데, 그 기대에 반하는 일이 생기니 큰 충격을 받은 것입니다(이 말을 했던 심사위원의 얼굴이 아직도 생각납니다).

그런데 이 공연은 그 유명한 드라마인 〈오징어 게임〉이 전 세계적인 인기를 누리기 전에 있었습니다. 만일 이 심사위원들이 〈오징어 게임〉까지 시청하고 이 공연을 보았으면 무엇이라고 말했을

지 궁금합니다. 그저 한국인들의 탁월한 연예적인 감각에 감탄만 발할 뿐 말을 잘 잇지 못했을 것 같습니다.

왜일까요? 한국에 대해서 아는 바가 없기 때문에 그럴 수밖에 없다는 것이 제 추측입니다.

그러면 우리는 이 현상을 보고 다음과 같은 질문을 던질 수 있을 것입니다. 도대체 한국인들의 이 같은 뛰어난 연예 정신은 어디에서 연유하느냐고 말입니다.

이 연예 정신은 재미있는 콘텐츠를 만들고 그것을 즐기고 나누는 정신을 말한다고 할 수 있습니다. 그러니까 한마디로 한국인은 어느 민족보다 노는 것을 좋아하고 잘 논다는 것인데 이것이 정교하게 표현된 것이 한류라고 할 수 있습니다.

그러면 이 한류를 가능하게 한 근본적인 정신은 무엇일까요? 우리는 이제 그것을 탐구하려고 합니다.

한국인의 의식 밑바탕에 흐르고 있는 무교적인 신끼

한국인의 정신세계가 어떠한가를 알려면 이웃 나라인 일본과 중국과 비교해보면 가장 잘 알 수 있습니다.

한국인 자체만 두고 보면 그 고유한 점이 잘 드러나지 않는데, 이웃 나라 문화와 비교해보면 그 차이를 금세 알 수 있습니다. 한국 문화의 정체성을 말할 때 이웃 나라인 일본과 중국과 많이 비교하는 데에는 이유가 있습니다. 이 세 나라는 모두 중화 문명권에 속하기 때문에 같은 점도 많고 다른 점도 많습니다.

그에 비해 한국은 이 이외의 문화권인 동남아시아나 서아시아 등지에 있는 국가와는 문화가 너무 달라서 이들 나라와 비교해서는 한국 문화의 고유성이 잘 나타나지 않습니다.

그러나 일본이나 중국은 한국과 같은 점도 있고 다른 점도 있어서, 이 두 나라와의 차이를 알면 한국 문화의 고유성이 드러납니다. 다른 문명권 국가와 비교하면 정교한 차이를 알 수 없는데 일본이나 중국과 비교하면 한국 문화만이 갖고 있는 특이한 점이 확실하게 드러난다는 것입니다.

여러분의 이해를 돕기 위해 예를 하나 들어보겠습니다.

전통 가옥인 한옥의 정체성을 알려고 할 때, 중국 가옥이나 일본 가옥과 비교하는 것이 가장 좋은 방법이라 할 수 있습니다. 그렇지 않고 한옥을 월남의 수상 가옥 같은 것과 비교하면 한옥의 특징이 잘 드러나지 않습니다. 이 두 가옥이 서로 너무 다르기 때문입니다. 대신 중국집과 비교하면 그 같고 다름이 명확하게 드러납니다.

중국의 전통 가옥(그리고 일본의 전통 가옥)과 한옥은 양식적인 면에서는 같다고 할 수 있습니다. 이 세 나라의 가옥은 중국 양식을 갖고 있기 때문입니다. 쉽게 말해 중국에서 들어온 건축 양식을 따르고 있다는 것입니다. 특히 지붕을 형성하는 구조나 기와를 쓰는 것은 매우 비슷합니다. 그래서 일반적인 서양인들은 한국과 일본과 중국의 전통 가옥을 구별하기 힘듭니다. 겉에서는 비슷하게 보이기 때문입니다.

이 때문에 중국인들이 걸핏하면 한옥이 자기네들 집이라고 우기는데 이것이 전부 틀린 말은 아닙니다. 양식은 대동소이하기 때문입니다.

그러나 집 안으로 들어가면 사정이 완전히 달라집니다. 이 세 나라의 집들이 뚜렷한 차이를 보이기 때문입니다. 구조적인 문제는 젖혀놓고 관찰이 가능한 점만 본다면, 중국집에서는 사람들이 신발을 신고 생활하고 잠은 침대에서 잡니다. 이에 비해 한옥에서는 사람들이 신발을 벗고 생활하고 방은 구들이라는 특수한 난방 체제를 갖고 있습니다.

그런가 하면 일본 집에서는 신발을 벗고 생활하는 것은 한국과 같으나 난방법이 다릅니다. 다다미를 깐 방에서 화로로 난방을 하는 일명 '고다츠' 법을 활용하고 있기 때문입니다. 이것은 아주 간

략하게 본 것이지만, 이렇게 비교하면 한옥의 고유성이 확실하게 드
러납니다.

한국과 일본과 중국, 삼국의 종교는 어떻게 같고 다른가?

집과 같은 물질문화는 그렇다 치고 우리의 주제는 정신적인 것이니 정신문화에 대해 살펴봅시다. 질문은 간단합니다. 정신적으로 볼 때 이 세 나라는 어떻게 같고 다를까요?

이것을 가장 잘 알 수 있는 방법은 이 세 나라의 종교를 비교해보는 것입니다. 인간의 삶에 포함되어 있는 여러 분야 가운데 인간의 정신을 담당하는 것은 종교이기 때문입니다. 한 사람이 갖고 있는 가치관은 보통 그 사회가 신봉하는 종교에 의해 결정됩니다. 따라서 그 사회에 살고 있는 사람들의 생각을 알려면 그 구성원들이 가장 많이 신봉하고 있는 종교를 살펴보아야 합니다.

우선 동북아시아 삼국이 공유한 종교를 봅시다. 그것은 말할 것도 없이 유교와 불교입니다. 그런데 이 두 종교가 세 나라에서 신봉되던 역사나 양상을 보면 세 나라 사이에 차이가 많은 것을 알 수 있습니다. 이에 대한 설명은 다소 전문적인 지식을 요구하므로, 여기에서는 생략하기로 하는데 그 대체적인 모습은 말할 수 있겠습니다.

현재 삼국 가운데 유교와 불교가 같이 성행하고 있는 나라는 한국밖에 없습니다. 한국은 이 두 종교를 중국에서 수입하여 현재까지 잘 보존하고 발전시켰습니다.

이에 비해 일본의 경우를 보면 불교는 대단히 융성했고 현재도 일본의 주요 종교로 자리 잡고 있지만, 유교의 영향이나 흔적은 조금밖에 보이지 않습니다. 한국에는 유교적인 유적이나 의례가 전국적으로 산재되어 있지만 일본에서는 이러한 것이 잘 보이지 않으니 이렇게 말할 수 있습니다.

반면에 중국은 불교나 유교의 유적을 최근까지 잘 보존했지만 공산주의가 중국의 정치 이데올로기가 되면서 이 두 전통은 크게 쇠퇴했습니다. 그 가운데 불교의 경우는 그나마 사찰을 보존해서 현재까지 남아 있지만 유교적인 유적이나 그 자취는 상대적으로 적습니다.

이 주제에 대해서는 얼마든지 더 설명할 수 있지만 한시라도 빨리 우리의 실제적인 주제로 넘어가는 것이 낫겠다는 생각입니다.

동북아시아 삼국의 사람들이 갖고 있는 가치관이나 세계관을 알려면 앞에서 본 불교나 유교 같은 보편적인 종교에서 찾을 것이 아니라 각 나라가 독자적으로 갖고 있는 종교 전통에서 찾아야 합니다. 이것은 그 나라에만 존재하는 종교 전통에서 그 나라 사람들의 고유한 성향이나 기질이 발견된다고 생각하기 때문입니다.

그러면 이 세 나라가 각각 갖고 있는 고유한 종교 전통은 무엇일까요? 이 질문에 답하는 것은 어렵지 않습니다. 한국은 무교(샤머니즘)이고 일본은 신도(神道)이고 중국은 도교(道敎)이기 때문입니다.

이 결론에는 이견이 있을 수 없습니다. 우리가 이렇게 말할 수 있는 것은 이 세 나라에는 이 세 종교와 관계된 유적이나 유물들이 전국에 깔려 있기 때문입니다.

한국을 먼저 예로 들면, 한국은 사람들이 잘 몰라서 그렇지 전국에는 수만 개의 무당집과 굿을 하는 굿당이 포진되어 있다는 것을 알아야 합니다. 무당이 수만 명에 달한다고 하니 이럴 수밖에 없을 것입니다.

그에 비해 일본의 경우는 어떨까요? 일본에는 한국처럼 무당의 굿당이나 신당이 없습니다. 이것은 당연한 것입니다. 일본에는 무당이 거의 존재하지 않기 때문입니다. 그러면 일본에는 무슨 종교 기관이 제일 많을까요? 말할 것도 없이 신사가 그 주인공입니다. 일본은 도시를 가든, 지방을 가든 신도의 사원인 신사가 없는 곳이 없습니다. 땅값이 비싼 동경 시내에도 신사가 즐비합니다. 그리고 전국적으로 신도와 관계된 축제나 행사가 엄청나게 많습니다. 일본인들은 신도에서 태어나서 신도 안에서 죽는다고 해도 과언이 아닙니다. 신도의 민족답다는 생각입니다.

중국의 경우 한국의 굿당이나 일본의 신사와 같은 역할을 하는 것은 도교의 도관이라 할 수 있습니다. 중국 답사를 가보면 어떤 지역이고 도교의 사원인 도관이 없는 곳이 없습니다. 중국인들은 그곳에 가서 자기에게 필요한 신 앞에서 소원을 빕니다. 해외에도 중국인들이 모여 사는 곳에는 반드시 도관이 있습니다.

이처럼 세 종교의 유적들은 이 세 나라에서만 발견됩니다. 다시 말해 한국에는 굿당은 즐비하지만 신사나 도관은 하나도 없고, 일본에는 신사가 밤하늘의 별처럼 깔렸지만 굿당이나 도관이 없고, 중국에는 도관이 수도 없이 많지만 굿당이나 신사는 전혀 없습니다.

이렇게 확실하게 보이는 증거를 통해 세 종교는 세 나라에만 고유하다는 것을 알 수 있습니다. 따라서 우리가 이 세 나라의 사람들이 지니는 가치관을 알려면 이 종교들을 심도 있게 알아야 합니다. 그런데 우리의 주제는 한국이니 한국의 경우만 보기로 합니다. 한국의 무교만 집중적으로 보자는 것입니다.

한국에만 있는 무교는 어떤 종교인가?

한국의 무교는 제도화되지 않은 민간 종교로 무당이라는 사제가 그 주인공입니다. 이 무당은 산신이나 물의 신 같은 자연신을 섬기기도 하고 조상 신 같은 인격신(personal god)을 모시기도 합니다. 그 외에 자신이나 그의 추종자들이 필요로 하는 신을 임의로 추출해 섬깁니다.

예를 들어 돈을 잘 벌게 해주는 신(대감신)을 설정해 소원을 빌기도 하고, 노래나 춤을 잘하는 신(창부대신)을 고안해 신앙의 대상으로 삼기도 합니다. 또 각 무당들은 '몸주'라는 이름으로 불리는 자신만이 섬기는 신령도 갖고 있습니다. 이 몸주 신령은 무당이 점을 칠 때 의지하는 존재인데, 좋은 점괘를 얻기 위해서 무당은 그 신령을 지성으로 섬겨야 합니다.

그런데 우리의 논의에서 한국 무교에 어떤 신이 있는가 하는 주제는 그리 중요한 것이 아닙니다. 그것은 무교를 전문적으로 연구하는 사람들의 관심사입니다. 한국인의 기질에 관심 있는 우리에게 중요한 것은 한국의 무당과 신도들이 이 신과 어떤 식으로 관계를 맺는가에 있다고 하겠습니다.

한국 무교가 작동하는 모습은 다음과 같습니다.

우선 신도가 자신의 힘으로는 풀 수 없는 큰 문제에 직면합니다.

예를 들어 '남편 사업이 부도가 나기 직전'이라든가 '아들을 낳을 수 있는지' 여부 등과 같은 문제에 봉착하는 것이 그것입니다. 한국인들은 이런 큰 문제가 있을 때만 무당을 찾아가지 아무 때나 무당 집에 가지는 않습니다.

이때 신도는 평소에 자주 다니는 무당을 방문해 상담을 청합니다. 그러면 무당은 자신이 신봉하고 있는 신령에게 해결책을 물으면서 도움을 청합니다. 이른바 점을 치는 것입니다. 그러면 신령은 각 사안별로 여러 가지 해결책을 제시해 줍니다.

예를 들어 부적 같은 것을 처방하는 것도 그것입니다. 신도들이 그것을 소지하면 나쁜 일이 생기는 것을 막을 수 있는데, 이것은 비교적 경미한 문제에 응대하는 방법입니다.

그런데 사안이 위중해서 이 같은 가벼운 방법으로는 문제를 풀 수 없다는 점괘가 나오면 다른 처방이 강구됩니다. 이것은 영험한 신령들의 직접적인 도움이 필요하다는 것을 뜻합니다. 이럴 때 하는 것이 바로 굿입니다. 그러니까 굿은 아무 때나 하는 것이 아니라 신령의 힘이 아니면 문제를 풀 수 없는 경우에 하는 것입니다.

굿은 한국 무교의 하이라이트 혹은 핵심이라 할 수 있습니다. 이 굿은 전 세계 어디에도 없는 한국 고유의 종교 의례입니다. 굿을 할 때 무당과 신도는 신령에게 정성을 다해야 합니다. 그렇게 하기 위해 신도는 신령에게 물질적인 것과 비물질적인 것을 바쳐야 합니다. 그 같은 정성을 보여야 신령이 감동하고, 자신의 초자연적인 힘으로 문제를 해결해준다고 약속하기 때문입니다.

우선 물질적인 것을 보면 신도는 막대한 양의 술과 음식을 신령에게 바쳐야 하는데 사실 이것은 우리의 관심사가 아닙니다. 이것은 우리가 보려고 하는 한국 무교의 정신과는 그다지 관계가 없기 때문입니다. 어떻든 굿을 할 때 무당은 음식이나 과일 가운데 가장 좋은 것을 신들의 이미지 앞에 나열해 놓습니다.

무당들은 신령들이 실제로 그 음식들을 섭취한다고 믿습니다. 신령들이 어떻게 음식을 먹는지 궁금해 무당들에게 물어보았는데, 어느 무당에게서도 그 답을 들어본 적이 없습니다. 영적인 존재인 신령이 어떻게 물질인 음식과 과일을 취할 수 있다는 것인지 알 수 없는 일입니다.

여기서 중요한 것은 비물질적인 것의 헌납입니다. 신령은 물질적인 음식이나 술, 과일 등을 헌물로 받는 것보다 무당들이 행하는 비물질적인 노래와 춤에서 훨씬 더 많은 감동을 받는 것 같습니다. 그래서 그런지 굿은 처음부터 끝까지 노래와 춤으로 일관되어 있습니다. 굿의 이러한 내용을 보기에 앞서 굿이 벌어지는 굿판이 어떻게 구성되어 있는지 그 구체적인 모습부터 봅시다.

굿판의 구성은 대체로 다음과 같이 이루어져 있습니다. 전면에는 모시는 신들의 이미지가 걸려 있고 그 앞에는 그들에게 바치는 음식 등 공물이 놓여 있습니다. 그리고 의례 공간에는 무당과 악사들이 있는데 각각의 거리마다 악사들이 음악을 연주하면 무당들은 이에 맞추어 노래를 하고 춤을 춥니다.

이러한 구도로 굿이 진행되는데 보통 아침에 시작하면 늦은 오후가 되어서야 끝나는 매우 긴 의례입니다. 원래는 해가 지면 시작하고 밤새 놀다가 새벽녘에 끝나는 게 굿이었습니다. 밤새 귀신(신령)들과 실컷 노는 것입니다.

그러나 지금은 현대 생활 구조에 맞추느라고 낮에 굿을 하는데 조금 김이 빠지는 것은 어쩔 수 없는 일입니다. 상황이 어떻든 여기서 다시 한번 환기하고 싶은 것은 이 긴 시간이 대부분 노래와 춤으로 되어 있다는 것입니다. 굿을 하는 내내 가무를 한다는 것입니다. 그래서 굿판은 항상 시끄럽습니다.

이렇게 종일 이루어지는 전체 굿은 아주 거칠게 나누면, 도입부와 메인, 그리고 마지막 부분 등 세 부분으로 나누어져 있다고 할 수 있습니다.

도입부에서는 의례를 갖기에 앞서 무당이 그 장소를 성스럽게 하는 일을 합니다. 이때 무당은 혼자 노래를 합니다. 무당은 그 노래를 통해 그곳에 있는 '잡귀'들을 잠시 쫓아냅니다. 여기서 중요한 것은 '잠시'입니다. 영원히 쫓아내는 것이 아니라는 것입니다. 이런 행위를 하는 것은 이곳에 곧 성스러운 큰 신령들이 강림하기 때문에 이 장소를 정화하는 것입니다.

이 작업이 끝나면 굿이 본격적으로 시작됩니다. 굿은 보통 10여 개의 거리(act)로 구성되어 있는데 거리마다 모시는 신령이 다릅니다. 그 때문에 각 거리마다 입는 옷이 다르고 행하는 춤과 노래가 다릅니다. 예를 들어 장군 신령을 모시는 거리에서는 무당이 장군의 복장을 하고 그에 걸맞는 춤과 노래를 합니다. 그럴 때 무당을 보면 그가 진짜 장군이 된 것 같은 느낌을 받습니다.

그렇게 해서 10여 거리를 마치면 마지막에 무당이 혼자 또 하는 순서가 있습니다. 굿을 시작하면서 쫓아냈던 잡귀들을 다시 불러 무당이 노래를 하면서 그들을 위로하는 순서입니다. 앞에서는 어쩔 수 없이 쫓아냈지만 그 잡귀들도 엄연한 신령이니 무당이 미안한 감정으로 그들을 달래는 것입니다. 참으로 어진 마음이라 아니할 수 없습니다.

그런데 이렇게 굿이 진행되는 전체 과정을 보면 한국의 굿은 처음부터 끝까지 노래와 춤으로 점철되어 있는 것을 알 수 있습니다. 전 세계 종교 의례 가운데 이렇게 노래와 춤이 중시되는 의례는 아마 발견하기 힘들 것입니다.

'신끼'란 사람이
무슨 일을 하든지
신에 의해 빙의된 것처럼
사람을 몰두하게 만드는
그런 기운을 말합니다.

그 과정에서 엄청난
에너지가 생기고,
그 에너지 덕에 사람들은
신들린 것처럼 행동합니다.
한국인들이 바로 이렇다는 것인데
이 신끼를 체험할 수 있는
가장 좋은 방법은
춤과 노래입니다.

굿의 각 거리마다 무당이 하는 일

앞에서 굿이라는 종교 의례는 노래와 춤으로 시작해서 그것으로 끝난다고 했습니다. 이번에는 좀 더 구체적으로 각 거리에서 어떤 일이 벌어지고 있는가를 보아야 하겠습니다. 각 거리는 세 부분으로 되어 있습니다.

가장 먼저 해야 하는 일은 신령을 불러내는 일입니다. 이 일을 성사시키기 위해서 무당은 노래를 하고 춤을 추어야 합니다. 처음에는 느린 노래와 춤을 하지만 무당이 진정으로 신령에게 빙의되고자 원한다면 그는 매우 격렬한 춤을 추어야 합니다. 이때 무당들은 손을 흔들며 빠르게 점프합니다. 이런 동작을 몇 분 동안 연속적으로 하면 무당은 엑스터시, 즉 망아경에 빠지게 되고 이윽고 신령이 무당에게 '실리게' 됩니다. 이것을 빙의된다고 표현하기도 합니다.

그때부터 무당은 이 신령의 역할을 하면서 신도에게 문제를 해결할 수 있는 방법을 제시해줍니다. 이때 무당이 하는 말은 무당이 아니라 신령의 말이 됩니다. 이처럼 신령은 무당을 통해서 해결책의 제시와 함께, 그 문제가 풀릴 수 있게 영적인 파워를 행사해 도와줄 것이라고 하면서 신도를 위로해 줍니다.

예를 들어 신도의 남편이 부도날 위기에 있다면 신령은 '내가 다 막아줄 테니 아무 걱정하지 마라'라고 하면서 신도를 안심시킵니다.

그렇게 무당을 통해서 신령과 신도 사이에 충분한 대화가 오고 가면 신령은 떠나게 되는데, 이때에도 무당은 노래와 춤으로 그를 보냅니다.

이것이 송신(送神) 과정입니다. 무당은 이런 일을 각 거리마다 하는데 이런 거리가 굿 한 번 하는 데에 10개 이상이 있으니 무당은 이런 일을 십여 차례 반복하는 것입니다. 이런 일을 하루 내내 하는 것은 대단히 힘든 일입니다. 그래서 굿은 무당 한 사람이 할 수 없습니다. 아무리 작은 굿이라 할지라도 적어도 세 명의 무당이 필요합니다. 여기에 또 악사가 동원되면 굿은 더 커집니다.

이 때문에 굿은 적은 비용으로 할 수 없습니다. 평범한 굿이라도 할라치면 돈 천만 원 정도는 드니 비용의 지출이 심합니다. 그러나 굿의 내용을 보면 이 돈이 비싸다고 말할 수는 없겠습니다.

다시 우리의 주제로 돌아가서, 지금까지의 설명을 통해 보면 굿의 순서가 얼마나 노래와 춤으로 가득 차 있는지 알 수 있습니다. 그래서 한국어에는 굿을 '논다'라는 말이 있습니다. 굿 하는 것이 노래하고 춤추면서 노는 것으로 비친 것입니다. 그런데 여기서 노래와 춤보다 더 중요한 요소가 있다는 것을 놓치면 안 됩니다.

굿에서 하는 노래와 춤은 일반인들이 예사로 하는 그런 평범한 노래와 춤이 아닙니다. 굿에서 하는 노래와 춤은 매우 격렬한데 그것은 엑스터시의 경지를 유도하기 위함입니다. 굿을 하는 목적은 무당이 엑스터시 상태로 들어가 신령에게 빙의되어 신령의 말씀을 전하는 것입니다.

이 엑스터시는 카오스라고도 불리는 것으로 이것은 '너와 내'가 사라진 상태입니다. 조금 유식한 말로 하면 이 상태는 질서가 잡힌 '코스모스'가 들어서기 전의 원초적인 상태라 할 수 있습니다. 질서가 잡히기 전이니 무질서 상태라 할 수 있습니다. 그래서 매우 자유분방한 상태라고도 할 수 있습니다. 그뿐만 아니라 에너지가 극도로 충만한 상태인데, 이 상태에 들어간 무당은 이때 엄청난 힘을 발휘할 수 있습니다.

실제로 엑스터시에 들어간 무당은 깨진 유리 위를 걷기도 하고 무거운 떡시루를 입(치아)으로 들고 춤을 추기도 합니다. 괴력을 발휘하는 것입니다. 그런데 문제는 이 힘에는 방향타가 없기 때문에 어떤 쪽으로 갈지 모른다는 것입니다. 어느 한쪽으로 쏠리면 편향되게 그쪽으로만 향하게 됩니다. 좌고우면이 없습니다. 이것은 어쩔 수 없는 일일 것입니다. 이 상태는 질서가 있는 상태와는 거리가 머니 그럴 수밖에 없는 것입니다.

그런데 이 무교는 한국에만 있는 종교이고 한국인들은 어떤 종교보다도 이 무교를 친숙하게 느끼면서 살아 왔습니다. 한국인들은 이런 무교와 역사를 같이했습니다. 항상 지적되는 것이지만 한국인의 시조라고 하는 단군왕검이 무당이었다고 하니 무교의 긴 역사를 알 수 있습니다. 그 이후로 중국으로부터 불교나 유교 같은 다른 종교가 들어와 융성했을 때에도 무교는 결코 절멸되지 않고 한국 문화의 밑바닥에서 저류를 형성하고 있었습니다.

이 같은 상황이라 한국인의 기질과 성향에는 앞에서 본 무교의 특징이 많이 보입니다. 한국인들이 즐기는 문화를 보면 질서가 잘 잡혀 있는 정련된 것보다 무질서하고 자유분방한 것들이 많은 것이 바로 이 영향을 확실하게 보여줍니다. 이 점은 앞으로 설명이 진행되면서 더 명확해질 것입니다.

무교를 대하는 한국인의 이중성

　무교가 한국인과 한국 문화에 어떤 족적을 남겼는가를 구체적으로 보기 전에 한마디 하고 싶은 것이 있습니다. 한국인들은 무교에 대해 이중적인 태도를 지닌다는 것입니다. 한국인들은 무교에 긍정적인 태도와 부정적인 태도를 동시에 지니고 있습니다.

　한국인들은 무교나 무당이 한국의 고유한 민속 문화라는 데에는 모두 동의합니다. 그러나 그러면서도 그들은 무교가 미신에 머물러 있다고 생각합니다. 쉽게 말해 무교를 하찮게 생각하는 것입니다.

　현대 한국인들은 자신들의 민속 문화에서 저류를 이루고 있는 대단한 문화적 자산인 무교를 무시하는 경향이 있습니다. 이것은 잘못된 서구식 교육에 힘입은 바가 큽니다. 과학적이지 않은 것이나 비서양적인 것은 미신으로 간주하는 교육을 받은 영향일 것입니다.

　그런데 한국인들은 무교를 이처럼 미신으로 간주하면서도 자신들이 필요할 때는 무당 찾는 것을 잊지 않습니다. 한국인들은 큰 문제에 봉착했을 때 여러 가지로 해결을 시도하다가 어느 것도 성공하지 않으면 마지막 수단으로 무당을 찾습니다.

　예를 들어 남편 사업이 부도 날 지경이 되었을 때 일단은 돈을 여러 군데에서 끌어오기 위해 온 힘을 다합니다. 그러나 그런 시도가 다 무산되고 더 이상 할 수 있는 일이 없으면 무당을 찾아가 굿을 부탁합니다. 신령들의 초자연적인 힘을 빌려서 문제를 해결하려는 것입니다.

그들은 결국 고유의 민속 신앙에 의지하는 것입니다. 그렇게 일이 급할 때는 무당을 찾는데 일이 풀리면 무당에 관한 일은 다 잊어버립니다. 그리곤 다시 무교를 미신 취급합니다. 무당과 무교는 한국인들의 무의식적인 세계에 있는지라 이것이 필요 없을 때는 인식하지 못한 채 하루하루를 살아갑니다.

한국인들은 점치는 것이 비과학적이라는 사실을 알면서도 점 보러 가는 것을 좋아합니다. 그 대표적인 것이 남녀가 결혼할 때 이른바 궁합을 보는 것입니다. 궁합이란 결혼하는 남녀의 생년월일시를 놓고 점을 치면서 두 사람이 결혼 생활을 잘할 수 있는지를 맞추어 보는 것입니다.

필자의 눈에는 이것이야말로 미신적인 신앙으로 보이는데, 한국인들은 그들이 믿는 종교와 관계없이 자식들이 결혼할 때 궁합을 보는 경우가 많습니다. 이것은 한국인들이 아무리 서구식으로 교육받아서 무교적인 것을 부정해도 그들의 심성 내부에는 무교와 무당에게 끌리는 문화적인 인자가 있다는 것을 보여준다고 하겠습니다.

한국인이 무당이나 무교에 얼마나 큰 친연성을 느끼는지에 대해 한 가지 예만 살펴보고 다음 설명으로 갑시다.

한국 TV에서는 종종 무당집을 만들어 놓고 진행하는 프로그램이 발견됩니다. 유명 연예인이 무당이 되어 방문하는 손님들을 카운슬링해주는 것입니다. 이런 프로그램 가운데 2022년 현재 TV 방송국에서 방영되는 것이 하나 있어 우리의 눈길을 끕니다.

〈무엇이든 물어보살〉이라는 프로그램인데 여기서 출연자 중의 한 사람인 서장훈이 '선녀보살'이라는 이름으로 나와 사람들에게 조언을 해줍니다. 선녀보살이란 천상에 산다고 하는 신선(immortal) 같은 여성으로 미인으로 정평이 있습니다. 그런데 이 서장훈이라는 이는 전직 농구선수로 키가 2m가 넘는 장신입니다. 그런 그가 여자 가발을 쓰고 화장을 하고 여자 옷을 입고 앉아 있는 모습은 가관입니다.

한마디로 그로테스크한 모습인데 서양에서는 일반적인 남성도 여장을 하고 TV에 나오지 않습니다. 그런데 이 서 씨는 거인인 데다가 얼굴도 잘생긴 것은 아니라 그가 여장을 한 모습은 어떻게 보면 역겹기까지 합니다. 그런데 재미있는 것은 한국인들은 그를 전혀 생경하게 느끼지 않는다는 것입니다. 오히려 재미있게 그를 관망합니다.

이것은 한국인들이 선녀라는 이미지와 무교에 대해 무의식적으로 친연성을 느끼기 때문일 것입니다. 이 같은 사건을 통해 우리는 무교가 한국인들에게 얼마나 가까운 종교인지 알 수 있지 않을까 싶습니다.

그런데 한국인들이 지닌 이런 모습을 더 심도 있게 이해하려면 한국 무교의 역사를 살펴보아야 합니다. 그래야 더 적나라한 모습을 알 수 있습니다.

초기 한국 역사에 나타난 무교의 모습

우리는 이제부터 한국 무교의 역사를 아주 간략하게 볼 것입니다. 한국 무교도 나름대로 복잡한 역사를 갖고 있지만 그것을 다 볼 수는 없고, 우리의 주제와 연관된 것만 보기로 합니다. 앞에서도 잠깐 언급했지만, 한국은 나라의 시작을 무교와 같이했다고 할 수 있습니다. 왜냐하면 한국을 수천 년 전에 세웠다고 하는 단군왕검이라는 영웅이 무당이었다고 알려져 있기 때문입니다.

단군은 청동기 시대 때 등장한 사람인데 그는 왕인 동시에 무당이었다고 전해집니다. 당시는 제정일치의 사회로 한 사람이 정치적 수장자인 왕의 역할과 종교적 리더인 무당의 역할을 동시에 했기 때문에 이런 일이 가능했던 것입니다.

그런데 단군이 무당으로서 어떤 일을 했는지에 대해서는 알려진 바가 없습니다. 그럴 수밖에 없는 것이 청동기 시대는 선사시대, 즉 문자가 아직 나오지 않은 시대라 기록된 것이 없기 때문입니다. 그러나 어떻든 한국은 무교와 함께 시작되었다는 것은 사실로 생각됩니다.

여기서 우리가 주시해야 할 것은 단군 이후로 한국에서는 무교가 사라진 적이 없다는 것입니다. 외래 종교가 들어와도 무교의 바탕 위에 그 종교들을 받아들였지, 무교를 버리고 그 종교를 신봉한 것은 아니었습니다.

이러한 것을 가장 잘 보여주는 사례는 6세기에 처음으로 등장합니다. 이에 대한 역사적인 기록이 처음으로 등장했다는 이야기인데 이것은 한국에서 가장 오래된 역사책으로 12세기 중반에 작성된 『삼국사기』에 나옵니다. 이 기록은 짧은 문장으로 되어 있지만 한국의 고유한 신앙을 언급한 기록으로 매우 중요합니다.

이 기록은 '한국에는 현묘(mysterious)한 도가 있는데 이것을 풍류(風流)라고 부른다. 이것은 불교, 유교, 도교를 포함한 것으로 이 가르침으로 사람들을 교화했다'라고 밝히고 있습니다.

이 문장이 중요한 것은 중국으로부터 이 세 외래 종교가 들어오기 전에 한국 고유의 종교가 있다는 것을 말해주고 있기 때문입니다. 이 종교를 풍류 혹은 풍류도라 불렀다고 하는데 이것은 다름 아닌 무교를 말합니다. 이런 시각에서 보면 무교와 풍류도를 동의어로 보아도 될 것입니다.

이 이야기가 시사하는 바는 또 있습니다. 이 이야기는 한국인들이 외래 종교를 받아들일 때 무교를 버리고 그 종교를 수용한 것이 아니라, 무교를 바탕으로 다른 종교를 받아들였다는 것을 말해주고 있습니다. 이 문장에 따르면 불교와 같은 외래 종교가 들어 왔을 때 무교(풍류도)가 사라진 것이 아니라, 오히려 무교가 이 외래 종교를 포용했다고 해석할 수 있기 때문입니다.

여기에 풍류라는 단어가 처음 나오는데, 이 단어는 많은 의미를 갖고 있어 정확히 정의하기가 어렵습니다. 그러나 굳이 표현해보면,

풍류에는 가무를 즐기는 낙천적인 모습이 반드시 포함됩니다. 이 설명에는 현대 한국인들도 동의할 것입니다.

여기에 다른 요소가 더 들어간다면, 풍류는 자연과 벗하면서 자연 속에서 자유롭게 가무를 즐기는 것이라고도 할 수 있습니다. 그러니까 좋은 산수에 가서 노래와 춤을 하는 것을 풍류를 즐기는 모습이라 할 수 있다는 것입니다. 물론 여기에는 음주가 곁들여지는 경우가 많지만 말입니다.

한국인의 가무 DNA

지금 막 언급한 풍류의 모습을 더 보기 전에, 한국인들이 얼마나 가무를 좋아했는지에 대해 그 역사 기록을 살펴 봅시다. 한국인의 가무 사랑 정신은 연원이 꽤 오래되었습니다. 이 주제가 나올 때마다 항상 인용되는 것은 3세기경에 쓰인 중국의 역사책인 『삼국지』「위지 동이전」입니다. 이 책은 중국 정부가 편찬한 정통 역사서라 믿을 만합니다.

이 책에는 3세기 이전의 한국인들이 노래와 춤을 얼마나 사랑했는지에 대한 기록이 나옵니다. 당시 한국인들은 10월에 추수할 때가 되면 나라에서 크게 축제를 벌여 사람들이 며칠 동안 가무를 즐겼다는 기록이 있습니다. 이렇게 정부에서 축제를 벌이는 것은 다른 나라에서도 있는 일이지만, 우리가 주목하는 것은 당시 한국인들의 일상적인 모습입니다.

당시 한국인들은 길을 가면서도 남녀노소를 막론하고 노래를 했다고 합니다. 또 하루 일이 끝나면 마을 사람들이 모여서 노래를 했다고 합니다. 이것은 이를테면 당시의 노래방이라고 할 수 있을 것입니다.

특히 길을 가면서 노래를 했다는 묘사가 재미있는데, 당시 중국인들의 입장에서 볼 때 한국인들이 일상 속에서 노래하는 모습이 신기했던 모양입니다. 당시에 중국인들은 유교적 세계관에 맞추어서 근엄하게 생활하고 있었던 모양입니다. 그런 측면에서 보니까 옆 나라에 살고 있는 변방 민족이 노래와 춤으로 하루를 보낸다고 하니 신기하게 보인 것 같습니다.

그런가 하면 한국에는 노래와 관련해 또 재미있는 역사적 일화가 있습니다. 이 이야기는 '처용'이라는 사람과 관계된 것으로 13세기 후반에 만들어진 『삼국유사』라는 역사책에 나옵니다. 이 이야기는 이보다 훨씬 이른 시기인 9세기 후반에 유행했다고 하는데 현대 한국인들에게 매우 친숙한 설화이기도 합니다.

이야기는 이렇게 진행됩니다. 어느 날 우리의 주인공인 '처용'은 혼자 시내에서 놀다 늦게 집에 돌아왔습니다. 그런데 그동안 집에서는 경악할 만한 일이 일어나고 있었습니다. 사악한 신령이 아내를 범하고 있었던 것입니다. 사통의 현장을 목격하고 만 것입니다. 이럴 때 보통 사람 같으면 거기서 역정을 내고 악신과 한판 붙을 것입니다.

예를 들어 가톨릭 같은 종교에서 구마 의식을 할 때 비장하게 악마와 한판 승부를 겨루는 게 그것입니다. 그런데 처용은 전혀 다른 행동을 취했습니다. 그의 행동은 예기치 못한 것이었습니다. 그는 그 불륜의 현장을 벗어나 집 밖에서 혼자서 노래를 하면서 춤을 추었다고 합니다. 우리는 그가 왜 그런 행동을 했는지는 그의 마음속에 들어가 보지 않아 잘 모릅니다.

그러자 이러한 처용의 아량 있는 태도에 감복해 악신은 곧 이불에서 나와 처용에게 앞으로 당신이 있으면 절대로 나타나지 않겠다는 서약을 하고 사라졌습니다. 이 이야기는 이해하기 힘들지만, 정말로 재미있는 일화입니다. 어떤 남자가 아내를 범한 상대방을 위해 노래와 춤을 추었다고 하니 말입니다. 이런 상황은 도대체 무엇을 말해주는 것일까요?

이에 대한 해답은 추정할 수밖에 없는데, 당시 한국인들은 노래와 춤으로 악신마저 물리칠 수 있다고 생각한 것 아닐까요? 그러니까 노래에 주술적인 힘이 있다고 생각한 것입니다. 한국인들은 이처럼 노래를 가까이 하다못해 신성시까지 했습니다. 그렇게나 노래를 좋아한 것인데 이와 비슷한 이야기는 뒤에서 화랑도를 다룰 때 다시 나옵니다. 이처럼 한국인의 가무 사랑은 그 역사가 오래된 것임을 알 수 있습니다.

약간 비약하는 느낌이 있지만, 이와 비슷한 풍조는 지금도 계속되고 있다는 느낌입니다. 현대 한국인들의 가무 사랑 정신은 한국 사회에 창궐하고 있는 노래방 문화에서 엿볼 수 있습니다. 한국은 전 세계에서 노래방 문화가 가장 발달한 사회로 이름이 높습니다.

코로나19 바이러스가 만연하기 전에 한국인들의 여가 문화를 보면 그 양상이 여실히 드러납니다. 한국인들은 1차와 2차에 걸쳐 음식과 술을 많이 섭취하면 노래방에 가서 노래를 해야 그날의 놀이가 완성되는 줄로만 알았습니다.

그래서 한국 전역에는 노래방이 없는 곳이 없습니다. 노래방에서 노래하고 놀 때도 그들의 신끼를 유감없이 발휘해서 거의 발광하는 수준으로 놀았습니다. 흡사 무당이 신을 받기 위해 격렬한 춤을 추는 것처럼 보일 정도로 혼신을 다해 노래를 했습니다. 그래서 한국인과 같이 처음으로 노래방에 갔다 온 외국인들은 한국인들의 광기를 발견하고 깜짝 놀라곤 했습니다.

한국의 가수들이 전 세계적인 인기를 끌 수 있었던 것은 이 같은 문화적인 '인프라'가 있었기에 가능했을 것입니다. 싸이 같은 가수가 느닷없이 나와 전 세계적인 인기를 끌고 BTS 같은 훌륭한 가수들이 나올 수 있었던 것도 한국인들이 일상에서 가무를 너무나도 사랑했기 때문에 가능한 것입니다.

한국인들의 이 같은 일상적인 가무 문화를 모르면 싸이나 BTS 같은 가수들이 하늘에서 뚝 떨어졌다고 생각할 수 있는데 그것은 사실이 아닙니다. 한국인의 가무 사랑 정신은 현대에 갑자기 시작한 것이 아니라, 앞에서 본 것처럼 아주 이른 시기부터 발흥된 것입니다. 그러한 정신이 면면히 이어져 현대에 들어와 폭발한 것입니다.

그러면 고대 한국인들을 관찰한 끝에 그들이 매일 노래했다고 적었던 중국인들은 사정이 어떨까요? 앞에서 잠깐 언급했지만 중국인들은 다른 것은 몰라도 가무가 능한 민족으로 보이지는 않습니다. 과거 중국인들은 종교나 사상 등은 최고조로 발전시켰지만, 가무가 주축이 되는 연예 문화는 그다지 괄목할 만한 발전을 이룩하지 못했습니다.

그들은 노장사상이나 선불교, 신유학 등을 창안하여 종교 사상 분야에서는 세계의 수위를 달렸지만 가무 분야로 오면 그들의 자리가 영 협소해집니다. 그래서 가무를 그다지 중시하지 않는 그들의 입장에서 볼 때 이웃 나라에 사는 한국인들이 가무를 즐기는 모습이 신기해, 역사 기록을 세세하게 남긴 것이라고 생각할 수 있습니다.

중국인들이 가무에 그다지 관심이 없다는 것을 알 수 있는 좋은 증좌가 있습니다. 그들이 가장 즐겨했던 연예 문화를 보면 됩니다. 그들이 전통적으로 좋아했던 연예물 가운데 가장 유명한 것은 경극(京劇)일 것입니다.

우리가 중국 전통 경극을 생각하면 〈패왕별희〉가 바로 떠오르는데, 이 〈패왕별희〉가 경극 가운데 하나라는 것은 잘 알려진 사실입니다. 그런데 이런 경극을 보면 뜻밖에도 춤과 노래는 거의 나오지 않는 것에 놀라지 않을 수 없습니다.

경극의 4대 요소라고 하는 창(唱, 노래)·염(念, 대사)·주(做, 동작)·타(打, 무술 동작)를 살펴보면 우선 놀라운 것은 춤은 없고 일상적인 동작과 무술 동작만 있다는 것입니다. 이들은 '가무'에서 '무'에는 그다지 관심이 없었던 모양입니다. 그러나 노래는 한 요소로 포함되어 있습니다. 즉 노래와 대사를 구분하면서 노래도 한다고 되어 있는데 그들이 노래하는 것을 보면 노래라기보다는 평소에 하는 말을 조금 과장되게 하는 것에 불과한 느낌을 받습니다.

따라서 중국인들은 노래하는 것보다 말하는 것을 더 좋아한다는 인상을 강하게 받습니다. 노래를 열렬하게 하면서 감정을 마구 발산하기보다 차분하게 말을 하면서 이성적으로 자신을 표현하는 것을 좋아한다는 것입니다.

그리고 앞에서 말하는 것처럼 경극에는 많은 몸짓이 나오는데 이것은 대부분 무술 동작과 비슷하지 춤동작처럼 보이지는 않습니다. 춤이라면 동작이 유려하게 연속되어야 하는데 경극에 나오는 동작은 무술 혹은 아크로바트적인 동작이라 기계적인 움직임이 많습니다. 경극에서는 이 동작을 '타(打)'라는 용어로 부르고 있는데, 이 동작을 보면 감정보다 이성적인 절제가 돋보입니다.

즉 유려한 춤을 통해 감정을 표현하거나 격렬한 춤을 추면서 엑스터시를 지향하기보다 절제된 동작으로 자신의 감정을 누르는 것처럼 보입니다. 이것은 당연한 것이 무술 동작이라는 것은 자기를 방어하고 다른 사람을 공격하기 위한 것인데 이 동작을 하다가 무아지경에 빠질 수는 없는 것 아닌가요? 그보다는 정신을 바짝 차리고 하나라도 틀리지 않게 하려고 노력해야 할 것입니다. 그러니 무아지경과는 아무 관계가 없는 것이라 할 수 있습니다.

중국의 전통적인 가무에서는 대체로 이런 경향이 보이는데, 이같은 영향으로 현대 중국인 가운데 노래나 춤으로 뛰어난 사람을 만나기 힘든 이유가 이런 전통 때문 아닌가 하는 추정을 해봅니다. 이것은 현대 중국의 연예계에도 그대로 적용되어 중국의 젊은 가수나 그룹 중 아주 뛰어난 노래 실력이나 춤 실력을 보이는 경우가 그다지 눈에 띄지 않습니다.

이러한 경향은 앞으로도 지속될 것으로 생각되는데, 중국에서 한국의 싸이나 BTS 같은 가수가 나오려면 얼마나 기다려야 할지 모릅니다. 한마디로 말해 중국인들은 한국인보다 이성적으로는 뛰어난 능력을 갖추고 있지만, 감성적인 신끼의 힘은 한국인에 비해 떨어지는 것으로 보입니다.

풍류도를 실천한 화랑들

다시 한국으로 돌아와서, 가무가 중심이 된 무교, 즉 풍류도가 어떻게 한국 역사에서 표현됐는지 그 양상을 보기로 합니다. 특히 풍류도를 직접 실천한 집단이 있어 우리의 관심을 끕니다. 이 사례도 역시 6세기 중반에 나타납니다. 이 집단은 한국의 고대 왕국인 신라에 나타난 화랑이라는 집단으로 이들이 했던 일을 보면 그들이 실천한 일이 바로 풍류도라는 것을 알 수 있습니다.

역사 기록은 이렇게 전합니다. '신라에서는 귀족의 자제 가운데 미모의 남자아이를 뽑아 그들을 곱게 꾸몄다. 그들은 도덕심을 높이기 위해 노력하고 노래와 음악을 하면서 즐겼는데 산과 물이 좋은 곳이면 어디든 가서 놀았다'는 것이 그것입니다.

이들은 나이가 매우 젊어 대체로 15세에서 18세에 해당했다고 합니다. 지금의 입장에서 보면 아주 어린 나이의 젊은이들인데 그럼에도 불구하고 기본적으로 무사 집단이었습니다. 그들은 이처럼 노래와 음악을 하면서 풍류를 즐기면서도 군사 훈련을 게을리하지 않았습니다. 그래서 그들은 그렇게 닦은 무공을 가지고 나라에 전쟁이 있으면 최전방에 나아가서 싸우는 것을 주저하지 않았습니다.

그런데 이들의 이름인 화랑이 심상치 않습니다. 이들이 화랑, 즉 '꽃사내(Flower Boy)'라고 불린 것은 이들의 용모가 수려할 뿐만 아니라 거기에 그치지 않고 그들을 화장까지 시켰기 때문일 것입니다. 그러니 꽃처럼 예쁜 남자가 된 것입니다.

그런데 이들을 화장시킨 것은 무당을 연상하게 합니다. 무당들은 굿판에서 춤과 노래를 할 때 아주 예쁜 화장을 하기 때문입니다. 특히 남자 무당이 굿을 할 때는 여장을 하는 경우가 많은데 이런 면도 화랑 전통과 비슷하다고 하겠습니다.

이렇게 남자를 여성처럼 꾸미는 것은 남성의 여성화를 통해 양성을 통합하려는 시도로 평가되기도 합니다. 그럼으로써 양성이 모두 갖추어진 완전한 인격이 된다는 것입니다.

여기에 덧붙여서 그들이 도덕심을 키웠다는 것도 중요합니다. 도덕심이라는 것은 사람이 성숙한 인격을 얻기 위해서 반드시 갖추어야 하는 것입니다. 성숙한 인격을 가진 사람치고 도덕심이 발달하지 않은 사람은 없습니다. 이런 면에서 화랑은 인격의 완성을 위해 수련한 청년 집단으로 보입니다.

그러나 우리의 주의를 끄는 것은 다른 데에 있습니다. 이들은 풍광이 좋은 명승지에 가서 노래와 음악(그리고 아마도 춤)을 즐겼다는 것입니다. 이것이 바로 앞에서 말한 대로 풍류를 즐기는 전형적인 모습이라 하겠습니다. 그런데 이들이 했던 노래는 오락에 그치는 것이 아니었습니다. 그들이 불렀던 노래는 신령들과 소통할 수 있는 매우 강한 주술적인 힘을 갖고 있었습니다.

이것은 다음의 일화로 짐작할 수 있습니다. 6세기 초(진평왕 때)의 일입니다. 화랑들이 스승인 어떤 승려(융천사)와 함께 있었는데 그때 해적이 신라 해안을 침범해왔습니다. 이 소식을 들은 일행은 나가서 싸울 생각은 하지 않고 노래를 불렀다고 합니다. 이 승려가 노래(《혜성가》)를 지어서 부르자 해적이 신라 침략하는 것을 멈추고 일본으로 돌아갔다고 합니다.

이런 이야기는 현대에 접하면 매우 이상한 이야기로 들릴 것입니다. 기껏 노래 하나 불렀다고 침범한 해적이 물러갔다고 하니 말입니다.

그러나 그들에게는 노래가 단순한 오락이 아니었습니다. 그저 자신들이 즐기려고 노래를 한 것이 아니었다는 말입니다. 그들은 자신들이 만들고 부르는 노래에는 주술적인 힘이 있어 신령들을 움직일 수 있는 힘이 있다고 여겼습니다. 그들은 아마 다음과 같이 믿었던 것 같습니다.

노래를 하면서 엑스터시 상태에 들어가면 신령과 교통하게 되고 그때 소원을 말하면 그것이 실현될 수 있다고 말입니다. 이런 태도는 앞에서 처용의 이야기를 할 때 이미 확인한 바 있습니다. 처용의 예에서도 신라 사람들이 노래가 악신을 물리치는 힘이 있다고 믿었다는 것을 알 수 있었는데, 이번 예에서도 같은 생각이 작동한 것입니다.

그런데 이런 생각과 행동은 앞에서 본 무당의 그것을 연상시키기에 충분합니다. 무당도 노래(그리고 춤)로 신령들을 부르고 스스로 엑스터시의 상태에 들어가 신령과 소통하지 않았습니까? 그럼으로써 신령으로부터 그들이 바라는 것을 얻어냈다고 했습니다. 이처럼 이 화랑이라는 청년들은 고대의 무당들이 하는 일을 반복하고 있는 것을 알 수 있습니다.

이들은 이렇게 해서 얻은 신적인 힘과 무술의 훈련을 통해 얻은 신체의 힘으로 자신을 단단히 무장하고 전장에 뛰어든 것입니다. 여기서 우리의 주제가 아니어서 거론하지는 않았지만, 이들이 전쟁에서 보여준 혁혁한 전공은 역사적 기록으로 많이 남아 있습니다. 이들은 특히 이웃 나라인 백제를 정복할 때 큰 전공을 세웠습니다.

여기서 고대 한국에 있었던 화랑이라는 낯선 제도를 이렇게 꽤 구체적으로 언급하는 이유는, 이들의 행동거지가 현대에 BTS가 하는 일과 비슷하기 때문입니다. 물론 모든 것이 그런 것은 아니지만 일부의 모습이 상당히 유사해 우리의 상상력에 불을 붙입니다.

가장 비슷한 점은 BTS나 화랑들이 노래(그리고 춤)에 능하다는 것입니다. 물론 다른 한국의 가수들도 노래와 춤에 능합니다. 그런데 BTS는 여타 한국 가수들과 다른 점이 있습니다. 그들은 누가 시킨 것도 아닌데 전국을 돌아다니며 명승지에서 뮤직비디오를 찍었습니다. 그들이 뮤직비디오를 찍은 곳을 연결해 탐사 코스가 나올 판입니다.

그런데 이것은 나라 곳곳을 돌며 노래와 음악을 했던 화랑들이 하던 일과 너무도 닮지 않았습니까? 화랑들도 국내에 있는 산과 물이 좋은 땅을 찾아가서 그곳에서 노래와 음악을 했다고 하니 말입니다. 물론 이들은 이곳에서 노래만 한 것이 아니라 무술도 연마했을 것입니다.

그런데 화랑과 BTS의 가무 행위는 다른 점이 있다는 것도 인정하지 않으면 안 됩니다. 화랑들이 하는 노래는 그저 오락의 수단으로 하는 것이 아니라, 자연과 신령들과 교통하기 위한 것이라는 것은 앞에서 말한 대로입니다. 화랑들에게 노래는 주술적인 힘이 있는 성스러운 것이었습니다. 그러나 이런 종교적인 해석은 BTS에게는 어울리지 않습니다. 그럴 수밖에 없는 것이 BTS는 종교적 집단이 아니기 때문입니다.

어떤 학자들에 따르면 화랑은 거의 무당과 같은 역할을 했다고 하는데 BTS에게서 그런 모습을 찾는 것은 어울리지 않아 보입니다. 이처럼 두 집단이 다르게 보이는 것은 어쩔 수 없는 일일 것입니다. 그런데 그렇게 이질적이면서도 이 두 집단이 유사점을 보이는 것은 그냥 우연일까요? 이 점은 별것 아닐 수도 있지만 명시하지 않고 그냥 지나가기에는 석연치 않은 점이 있습니다.

앞에서 화랑들은 잘생긴 청년들을 선정했고 그것도 모자라 화장을 시켰다고 했습니다. 이런 모습은 BTS에도 적용되지 않을까 합니다. BTS 청년들도 하나같이 잘생겨 전 세계 사람들의 주목을 받고 있습니다. 그런데 거기서 그치는 것이 아닙니다. BTS 청년들도 모두 화장을 합니다. 그래서 이들의 외모가 얼마나 화사한지 모릅니다.

이런 면에서 이 두 집단의 젊은이들은 놀랄 만한 유사성을 보이는데 이렇게 보면 BTS를 현대의 화랑, 즉 꽃사내로 보면 어떨까 하는 생각이 듭니다. 너무나도 멋진 청년들이 무리를 지어 가무를 하고 세계를 주유하면서 팬들과 호흡을 같이하는 모습을 보면, 그런 생각이 자연스럽게 납니다. 신라의 화랑들이 지금 이 시대에 태어난다면 바로 그들과 같은 행동거지를 하지 않았을까 하는 생각도 해봅니다.

풍류도는 신라의 뒤를 이은 고려와 조선에서도 지속되기는 했지만, 화랑도처럼 상층의 귀족들 사이에서 이 정신이 구현되지는 못했습니다. 이 두 나라에서는 상층에 속하는 귀족들이 풍류도를 받아들여 독특한 사상이나 사건을 만들어내지 못했다는 것입니다.

그럴 수밖에 없는 것이 고려(936-1392) 때에는 불교가 융성했고 조선(1392-1910) 때에는 유교가 융성해 이 두 종교가 상층 문화를 담당했기 때문입니다. 이 두 종교가 상층 계층에 속한 사람들에 의해 장악되어 있었기 때문에 무교는 상층으로 침투할 수 없었습니다.

대신 무교는 기층으로 파고 들어가 기층민이나 여성들 사이에서 그 명맥을 유지해갔는데, 그 자세한 모습은 기록이 남아 있지 않아 잘 알지 못합니다. 무당이나 무교를 섬겼던 사람들은 대부분 문맹이라 기록을 남길 수 없었던 것입니다.

그러나 학자들은 몇 가지 편린(片鱗)의 자료를 통해 고려나 조선의 기층 사회에서도 무당의 인기가 압도적이었다는 것을 밝혀냈고, 대부분의 학자들은 이에 대해서 이의를 제시하지 않습니다. 당시에 민중들은 전적으로 무교에 의지해 살고 있었던 것입니다.

근현대에 들어와 무교의 신끼가 발현되는 모습

앞에서 본 것처럼 한국의 무교는 한국 문화의 기저에서 큰 저류를 이루면서 주로 민중들과 함께 세월을 보냈습니다. 그러다 한국의 무교는 19세기에 한 종교적인 천재에 의해서 괄목할 만한 전기를 맞게 됩니다.

주인공은 19세기 중엽에 동학(Eastern Learning)이라는 종교를 세운 최수운(이하 수운)이었습니다. 수운은 지방 귀족 출신이었지만 태생적으로 '아웃사이더'였습니다.

당시 조선 귀족은 유학 이외에 관심을 갖는 일이 허용되지 않았습니다. 그러나 아웃사이더인 수운은 유교보다 민간에서 유행하는 여러 가지 도교적인 수행법에 더 많은 관심을 갖고 있었습니다. 이 수행법에는 주문 외기 같은 명상법이 포함되는데, 유교를 절대 이념으로 생각하던 당시의 귀족들은 이런 수행법을 이단시하여 절대로 가까이하지 않았습니다.

그러나 수운은 이 같은 수련을 몸소 행했습니다. 그렇게 수련을 하던 중 어느 날 수운은 몸이 심하게 떨려오는 것을 느끼게 됩니다. 이것은 전형적인 접신 체험이라 할 수 있습니다. 무당들도 신령에 의해 빙의될 때 이 같은 떨림 현상을 겪습니다. 신끼가 각성되는 것입니다.

수운은 이때 엑스터시에 빠지면서 아득한 황홀경 속에서 천지령 (The Spirit of Heaven and Earth)을 만납니다. 절대 존재를 체험한 것입니다. 이때 수운은 이 영으로부터 사람들을 구제하기 위해 종교를 세우라는 명을 받습니다.

그 말을 들은 수운은 당연히 종교를 세우고 가르침을 폈는데 그가 가르친 것의 핵심은 아주 간단했습니다. 즉, 일정한 주문을 외워서 엑스터시에 들어가 신령을 체험하라는 것이었습니다. 그래서 그는 추종자들이 쉽게 따라 할 수 있는 주문을 제시했는데 많은 사람들이 이 주문 외기를 통해 신령을 체험할 수 있었습니다.

그런데 이렇게 신령을 체험하는 것은 이전에는 종교적으로 택함을 받은 무당만이 할 수 있는 일이었습니다. 그러나 이제는 보통 사람들도 할 수 있게 된 것입니다. 이것을 조금 다르게 표현하면, 보통 사람들도 주문을 외워서 망아경에 빠지면 자신 속에 내재되어 있는 신끼를 체험할 수 있게 된 것입니다. 망아지경을 누구나 체험할 수 있게 되니 망아지경의 민주화라는 표현을 하면 어떨까 하는 객기 어린 생각이 듭니다.

이렇게 수운이 망아지경을 모든 사람이 체험할 수 있는 사건으로 바꾸어주었기 때문에, 그는 신라 시대에 잠깐 각성하고 그 뒤에는 잠들어 있었던 한국인들의 신끼를 깨웠다는 평가를 받는 것입니다. 신라 시대에는 화랑이라든가 처용 등의 예에서 본 것처럼 풍류적인 신끼가 사회에서 통용되었는데, 그다음 왕조인 고려나 조선에서는 그러한 예를 쉽게 찾을 수 없었습니다.

그렇게 천 년 동안이나 잠들어 있던 한국인의 신끼가 수운에 의해서 드라마틱하게 깨어났다는 것입니다. 수운 덕분에 그때부터는 보통의 한국인들도 원초적인 신끼를 체험할 수 있게 되었습니다.

저는 우리가 현대 한류의 정신적인 뿌리를 가장 가까운 데에서 찾으려면 이 수운의 종교 체험에서 찾아야 한다고 주장합니다. 이렇게 깨어난 한국인의 신끼가 20세기 말과 21세기 초에 연예 문화에서 활짝 피게 됩니다.

한류의 뿌리를 수운의 체험에서 찾아야 하는 이유는 또 있습니다. 그것은 수운이 종교 교주답지 않게 노래와 춤을 즐겼기 때문입니다. 이것은 한국인들에게도 잘 알려지지 않은 사실인데, 수운은 매우 독특한 노래와 춤을 만들어 추었다고 합니다.

그는 아주 기이한 종교 교주였습니다. 보통의 동양 종교 교주들은 앉아서 하는 명상법을 가르치는 등 매우 정적인 가르침을 제시하는데, 수운은 자신이 직접 노래를 부르면서 춤을 추는 매우 동적인 가르침을 선사했기 때문입니다. 물론 수운도 주문 외기 같은 정적인 수행법을 가르치기는 했지만, 그가 가무를 통한 수련법을 제시한 것은 대단히 특이한 현상이라고 보아야 합니다.

이때 그가 불렀던 노래는 〈검가(song of sword)〉로, 추었던 춤은 〈검무(sword dance)〉로 불렸는데 이 이름에서 알 수 있는 것처럼 수운은 칼을 들고 노래하면서 춤을 추었습니다. 이렇게 칼을 들고 춤을 춘 데에는 여러 이유가 있을 테지만, 유력한 이유는 아마도 춤을 통해 망아경 상태를 유도하려고 했던 것 같습니다. 즉 망아경 상태에 들어가 신령들과 통하려 했던 것입니다. 신령과 통하면서 우리의 내면에 있는 신끼를 깨우려던 것이지요.

우리는 이 같은 수운의 행위가 앞에서 본 화랑의 그것과 상통하는 것을 알 수 있습니다. 화랑들도 노래와 음악을 통해 신령들과 통하려고 했고 수운도 같은 일을 했기 때문입니다. 한국인들이 가무를 통해 엑스터시에 들어가고 신령들과 통하려는 시도는 이처럼 19세기 후반부터 다시 시작되었습니다.

개신교에서 크게 터진 한국인의 신끼

일단 이렇게 19세기 말에 다시 각성된 한국인의 신끼는 꺼질 줄 모르고 분출의 기회를 엿보고 있었습니다. 그러나 그 뒤에 펼쳐진 한국의 역사는 한국인들에게 이 기운을 쓸 기회를 주지 않았습니다. 잘 알려진 것처럼 한국은 20세기 초에 일본의 식민지가 되었고, 30여 년이 흐른 뒤 간신히 해방은 되었지만, 더 참혹한 현실이 기다리고 있었습니다. 즉 1950년부터 3년 동안 지속된 한국 전쟁이 그것으로, 이런 질곡의 역사를 겪는 동안 한국인들은 자신의 자리를 찾아갈 수 없었습니다.

그렇게 세월을 지내다 이윽고 1960년대가 되어 한국이 전쟁의 상흔을 서서히 극복하면서, 한국인들은 기지개를 켜기 시작했습니다. 다시 10여 년이 세월이 지나 1970년대와 1980년대를 맞이하면서 한국인의 신끼가 대폭발을 하게 됩니다. 어떻게 폭발한 것일까요?

바로 한국에서 기독교(신구교 포함) 신자가 급팽창을 하게 된 것입니다. 1945년에 한국이 일본으로부터 해방됐을 때, 한국의 기독교 신자는 수십만 명에 불과했습니다. 그러다 1980년대 이후에 폭발적인 증가를 보여 전체 기독교(신구교) 신자는 수백만 명으로 급증하게 됩니다. 그래서 2020년대의 조사 자료를 보면 기독교는 신교와 구교를 합해 신자 수가 약 1,300만 명을 상회하는 엄청난 증가를 보입니다.

해방 직후와 비교해보면, 기독교 신자 수가 수십 배 이상의 증가세를 보인 것입니다. 현재 한국의 인구가 약 5천만 명이니 4명 중에 한 사람은 기독교인이 된 것이라 할 수 있습니다. 종래에는 항상 전통 종교인 불교가 신도 수 면에서 1위를 차지했는데, 이제는 그 자리를 기독교에게 빼앗겼습니다.

여기서 기독교 신자 수에 대한 정확한 통계는 그다지 중요하지 않습니다. 중요한 것은 전 세계국가 가운데 한국에서만 기독교가 대성공을 거두었다는 사실입니다. 그러나 사람들은 한국에서 기독교가 이렇게 성공한 이유를 잘 알지 못합니다. 기독교 선교 역사의 입장에서 볼 때, 한국은 동아시아에서 기독교가 성공한 거의 유일한 국가라 할 수 있습니다(필리핀은 제외).

아니, 전 세계적으로 볼 때에도 한국은 기독교가 성공한 유일한 국가일 터인데 그것도 시기를 20세기 후반으로 한정해서 보면 이 사실은 확실해집니다. 20세기 후반에 세계의 종교적 상황을 보면 각 지역의 종교 신앙은 모두 고착된 상태라는 것을 알 수 있습니다. 쉽게 말해 사람들이 모두 이전에 믿던 종교를 믿고 있지, 신앙을 바꾸는 일은 거의 없었다는 것입니다.

그런 상태에서 한국에서만 기독교가 이변을 일으켰으니 기이하다는 것입니다. 잘 알려진 사실이지만 종교 신앙은 대단히 보수적인 것이라 한 번 결정되면 바뀌는 경우가 거의 없습니다. 인류 역사를 보면 그런 예가 없는 것은 아니지만, 찾기가 쉽지 않습니다.

기독교의 선교 정신은 대단합니다. 세계 종교 가운데 가장 왕성한 선교열을 가진 종교를 꼽으라면 기독교가 단연 선두에 설 것입니다. 그것은 '땅끝까지 예수의 복음을 전하자'라는 그들의 구호를 보면 알 수 있습니다. 그런 정신으로, 예수의 복음을 전하고자 용트림을 했지만 아시아의 최근세사에서 기독교 선교가 성공한 나라는 한국밖에 없습니다. 그 나라의 전통 종교가 시퍼렇게 살아 있는 나라에서는 기독교가 아무리 침투해도 선교에 성공한 적이 없습니다.

이런 예는 부지기수로 많습니다. 아랍 세계는 말할 것도 없고 인도, 동남아, 중국, 일본 등지에서 기독교는 한국처럼 성공하지 못했습니다. 기독교가 한국에서 얼마나 성공했는지를 알 수 있는 징표는 여러 가지가 있습니다. 물론 앞에서처럼 통계 자료를 들이밀면 가장 간단합니다. 사실 한국의 경우는 전체 인구의 1/4이 기독교 신자가 되었다는 수치만 제시하면 그것으로 한국에서 기독교가 얼마나 성공했는지 알 수 있을 것입니다.

그러나 좀 더 피부에 와닿는 현상을 이야기하면 훨씬 빨리 한국 기독교의 성공을 동감할 수 있을 것입니다.

한국에 처음 오는 외국인은 특히 서울에 왔을 때 교회가 많은 것을 보고 놀랍니다. 막연하게 한국은 불교 같은 동양 종교를 신봉하는 국가로 생각했는데, 막상 서울에 오니 교회가 너무 많아 생경한 것입니다. 조금 과장해서 말하면 서울은 한 집 건너 교회가 있다고 해야 할 판입니다. 심지어 어떤 건물을 보면 한 건물에 종파가 다른 교회가 있는 경우도 있습니다. 예를 들어 2층에는 장로교 교회가, 4층에는 가톨릭 교회가 있는 경우가 그것입니다.

교회가 이렇게 많은 것은 기독교의 본고장인 유럽이나 미국에서도 보기 드문 현상입니다. 어떤 외국인은 밤이 되면 서울은 거대한 공동묘지로 바뀐다고 실토한 적이 있습니다. 왜냐하면 한국 교회는 지붕 위에 빨간 십자가를 달기 때문입니다. 그래서 밤이 되면 시내 곳곳에서 빨간 십자가가 눈에 띄기 때문에 공동묘지가 연상되는데 세상에 이런 나라는 다시 없을 것입니다.

한국에서 기독교가 성공한 것을 알 수 있는 또 다른 아주 유력한 통계 자료가 있습니다. 한국은 지금까지 배출한 대통령 가운데 절반이 기독교 신자라는 것입니다. 한국은 지금까지 12명의 대통령을 배출했는데 그중의 반인 6명이 기독교 신자입니다.(2021년 현재)

초대 대통령은 개신교 신자였고 현재(2021년) 대통령은 가톨릭 신자입니다. 이것은 동아시아에서는 결코 발견할 수 없는 한국만의 진기한 기록입니다. 동아시아 어디에서도 대통령이 자신의 고유 신앙이 아닌 서양 기독교를 믿는 경우는 없기 때문입니다.

대통령이 기독교 신자라는 것은 대단히 의미심장한 일입니다. 그것은 종교적으로 볼 때 기독교도들이 한국 사회의 기득권을 가장 많이 갖고 있다는 것을 의미합니다. 다시 말해 한국 사회의 실세는 기독교도라는 것입니다.

이 이외에도 한국 기독교는 수많은 진귀한 기록을 갖고 있습니다. 예를 들어 세계에서 가장 큰 교회가 서울에 있다느니, 전 세계 10

대 교회 중 4개가 한국 교회라느니 하는 것이 그것인데 이것은 잘 알려진 사실이라 그다지 재론할 필요를 느끼지 못합니다.

여기서 우리의 주제와 관련해서 중요한 것은 기독교는 왜 한국에서 역사상 유례가 없는 큰 성공을 할 수 있었느냐는 것입니다. 여기에는 수많은 설명이 가능하지만 제가 보기에 가장 큰 요인은 기독교, 특히 개신교가 한국인의 깊은 심성과 통하는 바가 있기 때문이 아닐까 합니다.

다시 말해 개신교가 한국인이 내면적으로 갖고 있는 신끼와 그 기운이 통한 것 아니냐는 것입니다. 한국인들은 20세기 중반부터 자신들의 신끼를 발산할 수 있는 통로를 찾았는데 그들은 개신교에서 그 가능성을 본 것입니다. 그들은 특히 개신교의 부흥회에 매료되었습니다.

한국인들이 진행하는 기독교 부흥회는 한마디로 말해 열광의 도가니입니다. 신끼의 에너지가 사정없이 폭발합니다. 부흥회의 진행은 매우 단순합니다.

부흥회에서 한국인들은 목사의 설교 같은 것은 관심이 없습니다. 부흥회에서 가장 중요한 것은 크게 찬송가를 부르고 몸을 떨면서 기도하는 것입니다. 부흥회에 참석한 사람들은 우선 수십 분 동안 격하게 찬송가를 부르면서 서서히 엑스터시 상태로 다가갑니다. 그럼으로써 정신을 흥분시키는 것입니다.

그런 과정에서 정신이 어느 정도 예열되면, 그다음에는 몸을 흔들며 혼자만의 기도를 시작합니다. 이것을 이른바 '통성기도'라고 하는데 처음에는 조용하게 시작합니다. 그러나 서서히 감정이 격해지면 목소리가 커지고 몸을 더 세차게 흔들며 눈물을 흘리면서 '하나님 아버지, 하나님 아버지' 하면서 마구 외쳐댑니다.

그러다 절정 단계가 되면 드디어 엑스터시 상태가 되어 혀가 자동으로 움직이면서 방언이 시작됩니다. 그때 신도는 자신도 모르는 언어로, '쏼라 쏼라'와 같은 식으로 발음하면서 눈동자가 돌아간 상태에서 방언을 계속합니다. 한국인들은 기독교 예배를 보아도 이렇게 엑스터시 상태를 강하게 지향합니다. 만일 이때 방언이 터지지 않으면 그날은 '헛예배'를 보았다고 말합니다.

그런데 이 부흥회를 보면 무당이 하는 굿과 그 내용이나 지향점이 놀랄 만큼 유사해 비상한 관심을 끕니다. 앞에서 본 것처럼 굿의 내용과 목적은 격렬한 노래와 춤을 통해 엑스터시에 들어가 신령과 통하는 것입니다. 그런데 이것은 부흥회 때 일어나는 일과 정확하게 똑같지 않습니까?

부흥회에서도 있는 힘껏 노래를 했고 격렬하게 몸을 움직였습니다. 부흥회 때 교도들은 양손을 들고 몸을 앞뒤로 흔드는 몸짓을 하는데 망아경에 가까울수록 이 움직임이 커집니다. 그러다 방언이 시작되면 몸을 마구 떨면서 말을 뱉어냅니다. 드디어 신의 말씀이 그의 혀에 실리는 것입니다.

이것은 무당이 엑스터시에 들어가 신령의 말을 전하는 것과 구조가 똑같지 않습니까? 그래서 이 부흥회를 '크리스천 푸닥거리' 즉 '기독교 굿'이라고 부르는 신학자도 있습니다. 부흥회는 비록 겉모습은 기독교의 그것을 하고 있지만, 내용은 무교의 굿이기 때문입니다.

한국인들은 이렇게 개신교의 부흥회에서 자신들의 정신 속에 잠들어 있던 신끼의 에너지를 발견하고 마음껏 분출했습니다. 부흥회만 오면 한국의 기독교도들은 자신들의 무의식과 만나게 되어 그들의 내면이 카타르시스, 즉 정화되는 것을 느낍니다.

그들은 19세기 말에 최수운이 깨운 한국인의 신끼를 모두 내면에 간직하고 있었는데, 이것을 터트릴 기회를 호시탐탐 노리고 있었습니다. 그러던 참에 개신교가 한국에 들어왔고 그 종교 안에서 자신들이 신끼를 폭발시킬 수 있는 요소가 있다는 것을 알았습니다.

이 종교에서도 무교처럼 신(령)을 찾고 숭배했고 그 신과 교통하기 위해 예배 같은 여러 가지 메커니즘이 있는 것을 발견했습니다. 특히 부흥회가 그러했습니다. 사실 부흥회만 그런 것은 아닙니다. 한국인들은 보통 예배를 볼 때도 부흥회 수준으로 소리 지르고 '악악'대기 때문에 그들은 일요일마다 신끼의 폭발을 재체험한다고 할 수 있습니다.

이전에는 무당만이 신끼를 강렬하게 체험할 수 있었는데, 이제는 장삼이사들도 교회만 가면 같은 체험을 하게 되었습니다. 이런 경로로 한국인들은 자신들의 성정에 딱 맞는 종교를 발견한 것이라 할 수 있습니다. 그래서 한국인들은 '교회로, 교회로'라고 부르짖으면서 교회에 나가기 시작했고, 이것이 1980년대에 대폭발을 일으킨 것입니다.

한국에서 개신교가 개신교 역사상 유례가 없는 성공을 한 데에는 이 같은 배경이 있는데, 이 성공에 대해 분석이 많이 있지만 이 점을 놓치면 전체를 잃는 것과 같다고 할 수 있습니다. 한국인들은 그들의 성정이 개신교가 지향하는 내적 태도와 너무 흡사해 그냥 개신교에 빠져들고 만 것입니다.

엄밀히 말하면 한국인이 전통적으로 갖고 있는 세계관이나 인간관은 개신교의 그것과 많이 다릅니다. 달라도 너무 다릅니다. 예를 들어 개신교에서는 인간을 죄인이라고 하지만, 불교에서는 부처라고 하지 않습니까? 그래서 전통에 충실한 한국인이라면 결코 기독교를 받아들일 수 없습니다.

그런데도 한국인들은 개신교에 함몰했습니다. 왜? 교회에 가면 우선 그들은 자신들이 그렇게 좋아하는 노래를 신명 나게 부를 수 있습니다. 특히 여성들은 남의 눈치 안 보고 마음껏 찬송가를 부를 수 있습니다. 그러다 개인 기도 시간이 되면 그때는 남의 눈치를 아예 무시하고 그냥 소리를 질러댑니다. 그러다 그들이 성령이라고 부르는 어떤 힘에 사로잡히면 망아지경이 되어 아무 말이나 해댑니다. 마구 소리치는 것입니다.

자신은 '정신줄' 놓고 그냥 마구 떠들어댔는데 교회에서는 방언으로 성령을 체험했다고 칭송하니 아니 좋을 수 없습니다. 이렇게 모든 게 박자가 맞아 한국인들은 그들의 내면에 꿈틀거리던 엄청난 신끼를 교회에서 사방으로 쏘아 올렸습니다.

앞 강의에서 한국인의 신끼가 기독교에서 활짝 터졌다는 것을 이야기했습니다.

기독교 외의 다른 분야에서도 얼마든지 비슷한 일이 벌어질 수 있을 것입니다. 한국인의 신끼가 한 번 터졌으니 또 기회가 오면 그 기운이 분출할 것이라는 것은 능히 예견할 수 있는 일이 아니겠습니까? 이런 분야는 생각보다 많은데 그것을 다 거론할 수는 없고 가장 주목할 만한 사건만 보기로 합니다.

한국인의 신끼 대규모 방출 사건 중에서 다음의 사건은 절대로 빠트릴 수 없습니다. 그것은 누구나 예상할 수 있는 것처럼, 바로 2002년 월드컵 축구 경기 때 나타난 붉은 악마 사건입니다. 이제는 이 일에 대해 잘 알려져 있으니 많은 설명은 필요 없겠습니다.

이때 한국인은 하나가 되어 '대~한 민국'을 외쳐댔습니다. 당시 경기장에 온 관중들이 약속이나 한 듯 모두 빨간 응원복을 입고 와서 경기장을 빨갛게 물들이자 외국 언론들은 조작한 것 아니냐고 수군거렸습니다.

자발적으로 온 응원단이 아니라 정부에 의해 동원된 것이라는 것입니다. 그리고 한국 응원단이 구호를 외치면서 박수가 포함된 절제된 동작을 집단적으로 일사불란하게 구사하자, 서구 언론들은 한국인들이 집단적 히스테리에 걸린 것 같다고 혹평하기도 했습니다.

그러나 서구 언론의 그러한 비판은 한국인들의 심성을 이해하지 못한 처사라 할 수 있습니다. 한국인들에게 월드컵 응원은 한마디로 말해 큰 신명 판이었고 한을 푸는 굿판이었습니다. 한국인들이 교회에서 신끼를 마음껏 끌어올렸다고 했지만, 그것은 기독교인에게 한한 것이었습니다. 비기독교인 대다수의 한국인들은 신끼를 풀 기회가 없었습니다.

그런데 월드컵 축구 대회가 한국에서 열렸고, 예상 외로 한국 팀이 선전하자, 한국인들은 그들에게 잠재되어 있었던 신끼가 폭발하는 것을 방임하게 됩니다. 그러니 그들의 신끼는 자동적으로 끓어오르기 시작했습니다.

거기다 유럽 팀에 비해서 절대 약체였던 한국 팀이, 유럽의 강호인 이탈리아 팀이나 포르투갈 팀을 꺾자, 한국인들은 환호하기 시작했습니다. 한국인들은 항상 백인들에게 열등감을 갖고 있었는데, 백인들을 이기자 그들의 속에 쌓여 있었던 한이 튀어나왔습니다. 그 한을 풀려고 한국인들은 더 열광적으로 몸을 흔들어댔고, '대~한 민국'이라는 구호를 외쳐댔습니다.

그 에너지가 얼마나 강렬했던지 시합을 하는 외국 선수들을 놀라게 하기에 충분했습니다. 당시 포르투갈팀의 어떤 선수는 말하길 '우리는 한국 선수들은 전혀 두렵지 않다. 우리가 두려운 것은 극성맞은 한국 응원단이다'라는 취지의 말을 했다고 전해집니다.

이때 한국인의 신끼가 가장 극명하게 나타난 곳이 또 있었는데, 그것은 바로 응원이 펼쳐진 길거리였습니다. 광화문과 시청 등지에서 열린 응원을 말하는데, 그것은 엄청나게 큰 굿판이었습니다. 참여자의 대부분이 빨간 옷을 입고 왔는데, 이것은 무당의 원색적인 옷을 연상시키기에 충분합니다.

그리고 그들은 계속해서 구호를 노래처럼 불러대고, 손이 중심이 된 몸동작을 보여주었습니다. 이런 동작은 진짜 춤이라고 하기에는 단순한 동작에 불과한 것처럼 보이지만, 이것도 오랫동안 강도 있게 하면 망아 상태를 유발할 수 있습니다. 게다가 혼자만 하는 게 아니라 수천수만 명이 같이하니 그 에너지는 엄청난 것입니다.

여기에 재미있는 요소가 하나 더 있습니다. 경기를 중계하는 전광판에 관한 것인데, 이것은 흡사 굿할 때 차려놓은 제수 상 같은 느낌입니다. 응원단은 자신들의 에너지를 발사할 대상을 찾은 것입니다. 그래서 그들은 그 전광판에 대고 춤과 노래를 하고 함성을 질렀습니다. 굿판이 재연된 것입니다.

그 결과 응원단은 장시간 동안 똑같은 일을 하면서 서서히 집단적 망아경에 빠지는 경험을 하게 됩니다. 여기에서 한국인들은 큰 신명을 느끼게 되고, 눌려 있던 마음의 한이 풀려나가는 것을 경험했습니다.

한국인의 집단적 신끼 발현 현상은 이 밖에도 얼마든지 더 나열할 수 있는데, 이것 하나만은 거론하지 않고 그냥 지나칠 수 없겠습니다.

한국인의 그 유명한 떼창 현상 말입니다. 이 현상이 매우 두드러져 이제는 'K-떼창'이라는 신조어가 생기기도 했습니다. 외국 가수들이 내한 공연하면 가장 놀라는 것이 이 한국인들의 떼창입니다.

이 예들은 하도 많아 요즘은 설명할 필요도 못 느낍니다. 이 사례들은 유튜브로 접할 수 있는데 비전문가가 찍었으니 영상은 엉성하기 짝이 없지만, 그 열기는 확실하게 느낄 수 있습니다. 문제는 제가 아는 가수들이 별로 없다는 점인데, 그들은 10~20대이고 나는 60대이니 그것은 어쩔 수 없는 일입니다.

그럼에도 불구하고 그 가운데 인상적이었던 장면을 몇 개 골라서 보겠습니다.

2015년 내한 공연을 했던 영국 밴드 오아시스의 노엘 갤러거가 한 말이 상당히 인상에 남습니다. 이 친구는 입이 거칠고 직설적인 것으로 유명한데, 극성부리는 한국 팬들 앞에서는 자신의 태도를 누그러뜨리고 애정을 표시했습니다.

그는 한국인과 일본인들은 다르다고 하면서, 한국인들은 놀 줄 아는 민족이고, 그 느낌을 그냥 표현해 버린다고 말했습니다. 이것은 능히 예상할 수 있는 의견입니다. 일본인들은 다른 사람에게 폐가 될 수 있다는 생각 아래, 자신의 감정을 잘 드러내지 않는 것으로 유명합니다. 그래서 그들은 가수들의 공연을 볼 때도 조용하게 듣는 경향이 있습니다.

이런 양 국민의 공연 관람 태도와 관련해서 재미있는 일화가 있습니다.

이것은 미국의 저명한 힙합 가수였던 에미넴이 한 말인데, 그는 일본 공연 때 굉장히 실망한 모양입니다. 관객들의 반응이 너무 없었기 때문입니다. 유튜브를 보면 그가 일본 공연 뒤에 실망한 나머지, 험한 말을 한 영상도 있습니다.

그러다 계약상 할 수 없이 아무 기대도 하지 않고 한국에 왔는데, 공연을 시작하자마자 그는 깜짝 놀랐습니다. 한국 청중들이 바로 **떼창**을 시작했기 때문입니다. 거기다 더 놀라운 것은 그 **빠른** 영어 랩도 한국인들이 따라 부르는 것을 보고, 그는 그만 '뻑'가고 말았습니다.

이것은 이른바 랩 **떼창**이라 불리는 것입니다. 이 모습을 본 그는 두 손을 머리 위에 얹으면서 하트를 만들었는데, 에미넴의 평소 행동을 잘 아는 사람들은 그가 저런 친숙한 제스처를 하는 것을 본 적이 없다고 하면서 신기해했다고 합니다. 입이 험하기로 유명한 에미넴도 한국인들이 떼로 자기 노래를 불러대는 것을 보고 감동한 것입니다.

이 이외에도 마룬5나 콜드플레이, 푸 파이터스, 퀸 등 나이가 좀 든 사람도 알 수 있는 가수들의 내한 공연을 보면, 한국 청중들이 행하는 신들린 듯한 **떼창** 모습이 기이하기까지 합니다.

그런데 여기서 한 번 짚고 넘어갈 것이 있습니다. 이렇게 계속해서 **떼창**을 불러대는 게 과연 칭송받아야 할 일인가 하는 것 말입니다. 자고로 우리가 가수의 공연장에 가는 것은, 그 가수의 노래를 듣기 위함입니다. 그런데 한국 관중들은 그런 것은 아랑곳하지 않고 처음부터 마구 자기들이 노래를 불러댑니다. 그러니까 가수 공연이고 뭐고 없습니다. 그저 자기들끼리 노는 것입니다. 그들은 공연을 보고 가수의 노래를 감상하러 온 게 아니라, 가수를 수단 삼아 자기들이 질펀하게 놀려고 공연장에 온다는 느낌마저 듭니다.

그러니 나처럼 그 가수의 노래를 감상하고 싶은 사람은 갈 수 없다는 결론이 나옵니다. 그리고 이런 생각이 합리적인 것이라 할 수 있습니다. 그래서 어떤 일본 가수는 '나는 관객들이 떼창하는 것에 반대합니다. 왜냐하면 관객들이 자신의 노래를 들으러 오지 다른 관객들의 노래를 들으러 오는 것이 아니기 때문'이라고 했는데 이것은 정곡을 찌른 말입니다.

이것은 매우 이성적인 태도이지만, 한국인에게는 이런 게 안 통합니다. 그들은 음악만 들으면 신끼가 끓어오르니, 가수나 다른 관객이 어떻게 생각하는 것과 관계없이 따라 부르면서 흥을 발산해야 합니다.

이와 비슷한 태도는 한국인들의 일상에서 워낙 자주 발견할 수 있는 것이라, 더 사례를 들 필요가 없을 것입니다. 그런데 이 주제와 관련해서 한국인들은 전혀 이상하게 생각하지 않는데, 외국인들은 아주 기괴하게 생각하는 것이 있어, 그것 하나만 더 소개하고 다음으로 넘어갔으면 합니다.

이 현장은 다름 아닌 선거 유세 현장입니다. 한국인들은 이런 현장에서 항상 노래를 틀어놓을 뿐만 아니라, 사람들을 훈련시켜 집단 안무를 하게 하는 것이 당연하다고 생각합니다. 한국인들은 선거 유세를 제대로 하려면, 반드시 노래와 춤이 들어가 분위기를 살려야 한다고 믿고 있습니다.

그런데 외국인들은 그걸 이해하지 못합니다.

저는 우리가
현대 한류의 정신적인
뿌리를 가장 가까운 데에서
찾으려면 이 수운의 종교 체험에서
찾아야 한다고 주장합니다.
이렇게 깨어난 한국인의 신끼가
20세기 말과 21세기 초에
연예 문화에서
활짝 피게
됩니다.

선거 유세 현장은 후보자가 자신이 지향하는 정치라든가 공약 등에 대해 알기 쉽게 소개하는 자리여야 하는데, 왜 그런 것과는 아무 관계 없는 노래와 춤을 해대느냐는 것이 외국인들의 지적입니다.

이를 들은 한국인들은 이성적으로는 그들의 지적에 동의하지만, 감성적으로는 사람이 모이는 데에는 무조건 노래와 춤이 있어야 한다고 느낍니다. 이것은 한국인들이 너무나 신끼와 흥이 가득한 사람들이니 어쩔 수 없는 일일지도 모릅니다. 한국인들은 일단 모이면 무조건 질펀하게 노는 게 우선이고, 다른 실무적인 것은 그다음이라고 생각하는 것 같습니다.

이 정도 설명이면 한국인들이 근대와 현대에 걸쳐 그들의 신끼와 흥을 어떻게 발산했는지 알 수 있을 것입니다. 사실 이런 모습을 보기를 원하면 먼 곳에서 헤맬 필요 없습니다.

그저 한국의 TV 프로그램만 보면 되기 때문입니다. 비록 제가 과문(寡聞)하지만, 한국의 TV처럼 노래하는 프로그램이 많은 TV 프로그램을 가진 나라는 없을 것 같습니다.

그 많은 노래 프로그램을 일일이 거론할 필요를 느끼지 않지만 설명 전개상 몇 가지만 봅니다. 우선 지상파 방송을 보면, 가요 순위 프로그램, 노래 경연 혹은 오디션 프로그램이 넘쳐납니다. 이런 방송에서 비롯된 것으로 2020년에 돌풍을 일으켜 그 바람이 지속되고 있는 〈미스터트롯〉 같은 트로트 오디션 프로그램의 인기는 재론할 필요도 없습니다. 종편 방송에서 방영되었음에도 시청률이 30%를 훌쩍 넘는 경이로운 기록을 세우지 않았던가요?

그런가 하면 그냥 노래하는 것이 심심했던지, 오락성을 더 부여한 〈히든싱어〉나 〈복면가왕〉 같은 노래 프로그램의 인기도 하늘을 찌를 듯합니다. 이 프로그램들은 그 포맷을 전 세계로 수출한 것으로 이름이 높습니다. 그 외에도 수년 내지 수십 년 동안 고정 프로그램으로 인기를 누리고 있는 〈전국노래자랑〉, 〈가요무대〉나 〈불후의 명곡〉, 〈열린음악회〉 등도 빼놓을 수 없습니다.

이 이외에도 한국 TV에는 〈런닝맨〉이나 〈1박 2일〉, 〈아는 형님〉 등 수많은 오락 프로그램이 있는 것도 잊지 않아야 합니다. 한국인들은 이렇게 노는 데에는 귀재인 것입니다. 한국인들은 진득하게 생각하고 천천히 움직이기보다는, 이처럼 우선 감정을 발산하는 것을 좋아하는 것 같습니다. 이런 것을 염두에 두고 다음에는 이 같은 한국인들의 성향이 일상생활이나 그들의 예술에서 어떻게 구현되는지 보도록 합니다.

지금까지의 설명을 정리해보면 한국인들은 대체로 다음과 같은 기질이나 성향을 지닌 것을 알 수 있습니다.

한국인들은 정돈된 질서에서 조용하게 있기보다 자신들의 신끼나 흥 에너지를 발산하면서 노래하기와 춤추기를 좋아합니다. 그리고 그들은 종국적으로 엑스터시, 즉 망아경에 빠지는 것을 선호합니다. 그들은 이렇게 에너지를 한쪽에 쏠리게 해서 망아경적인 상태를 지향하기 때문에, 차분하게 따지고 분석하고 토론하는 것을 그리 달갑게 생각하지 않습니다.

그저 한 가지가 생각나서 '필'이 꽂히면 좌고우면하지 않고 그것을 향해 치닫는 경향이 있습니다.

틀을 거부하는 한국인들

이처럼 한국인들은 코스모스보다 카오스를 지향하기 때문에, 규범이나 질서가 있으면 그것을 지키려고 하기보다는, 파괴하려는 성향이 강합니다. 이런 모습을 보면, 한국인들의 성정은 매우 자유분방하다고 할 수 있습니다.

그들은 또 세세한 것을 따지고 사물을 잘게 나누고 분석하는 것보다, 전체를 크게 보고 대충하는 성향이 강합니다. 전체를 크게 보니 세부적인 데에는 관심을 기울이지 않기 때문에, 그것을 무시하거나 생략하기 일쑤입니다. 따라서 한국인들이 하는 일은 대범한 것 같은데, 세부에는 구멍이 나 있는 경우가 허다합니다.

이 주제를 이해하려면 적합한 예를 드는 게 좋겠습니다.

자연을 대할 때 한국인은 대상을 크게 보기 때문에, 자연에 인공적인 손길을 세세하게 가하지 않습니다. 자연을 그냥 크게 보고 있는 그대로 놔두고, 그 안에서 인간이 조화롭게 사는 것을 더 좋아합니다.

이해를 돕기 위해 담양에 있는 '소쇄원' 같은 정원(원림)을 예로 들어봅니다. 16세기 전기에 세워진 소쇄원에 대해서는 얼마든지 세세하게 설명할 수 있지만, 여기서는 아주 간략하게만 봅니다.

소쇄원을 만들면서 한국인들은 소쇄원이 있는 계곡을 전체적으

120
121

로 보고, 사람이 있을 만한 곳에 최소한의 장치인 작은 정자를 지었습니다. 여러 종류의 건물 가운데 정자라는 건물은 그 형식이 가장 간략한 것입니다. 정자는 인간이 쉬고 비와 눈을 피하기 위한 목적으로 만드는 것인데, 기둥과 지붕으로만 된 최소한의 건축 단위라 하겠습니다.

그런 정자를 만들고 정원 전역에는 담을 대충 둘렀습니다. 정원 전역에 담을 쌓아서 폐쇄적인 공간을 만든 게 아니라는 것입니다. 담이 중간에 끊긴 곳이 적지 않게 있는데, 이런 것이 담을 대충 쌓은 것의 표본이라 할 수 있습니다. 그러고 나머지 주위 환경은 그대로 놓아두었습니다. 인공의 손길을 거의 가하지 않은 것입니다.

이처럼 한국인들은 이 정원 영역을 전체적으로 크게 보고 가장 필요한 것만 설치한 다음, 나머지는 그대로 방치했습니다. 한국인들은 큰 틀만 완성하면, 그 나머지에 대해서는 무관심합니다. 이 정원 건축에서 우리는 한국인들이 갖고 있는 대담, 세부 생략, 기존 틀의 거부, 대충하기 등의 정신을 새삼 확인할 수 있습니다.

현대 한국인들은 이 소쇄원이 얼마나 특수한 정원인지 잘 모르는 것 같습니다. 그 이유는 간단합니다. 자신들도 이 정원의 건축 원리와 같은 기질을 갖고 있기 때문입니다. 한국인 자신이 자유분방하고 세부를 무시하고 대충하는 데에 익숙하니, 같은 원리로 지어진 정원이 하나도 이상하게 느껴지지 않는 것입니다.

그러나 일본이나 중국 같은 이웃 나라의 정원과 비교해 보면, 금세 소쇄원이 얼마나 특이한 정원인지 알 수 있습니다. 단도직입적으로 말해 이 두 나라에는 소쇄원 같은 정원이 없습니다. 이 두 나라에서는 모든 것을 인간이 간섭해 세세한 것까지 다 만들어내기 때문에, 소쇄원처럼 '엉성하게' 보이는 정원을 발견할 수 없습니다. 애초부터 이런 정원은 이 두 나라에 있을 수 없습니다.

일본인이나 중국인은 정원을 만들 때 인간이 간섭해 아주 세세한 것까지 다 만들어냅니다. 자연을 있는 그대로 놔두는 경우가 없습니다. 이들은 정원이든 건물이든 어떤 것을 만들 때 기존에 있는 규범이나 틀에 맞게 아주 꼼꼼하게 모든 것을 인간이 만듭니다. 이럴 때 그들은 어떤 사물을 만들든지 간에 인간의 손을 거치지 않으면 불안해서 참지 못하는 것처럼 보입니다. 한국인이 무심하게 대하는 것들을 그들은 관심을 증폭시켜 세세한 데에 모두 참견하는 것입니다.

이렇게 장황하게 설명하느니, 예를 가지고 비교해보는 게 낫겠습니다.

소쇄원이 한국의 전통적인 정원을 대표한다면 그것에 해당되는 것으로는 일본에는 용안사 정원이 있고, 중국에는 졸정원이 있습니다. 이 두 정원은 각각 일본과 중국의 정원을 대표하는 것이라, 진즉에 유네스코가 지정한 세계유산에 등재되어 있습니다. 이 두 정원에 대해서는 할 말이 많지만, 여기서는 한국 정원과 비교할 때 차이가 나는 점에 대해서만 살펴 봅니다.

이 두 정원을 한국의 소쇄원과 비교해볼 때 가장 큰 차이는, 소쇄원은 자연 안에 정원을 만들었다면, 용안사 정원이나 졸정원은 자연과는 어떤 관계도 없이, 인간이 정원 자체를 만들었다는 데에 있습니다.

쉽게 말해, 일본과 중국에서는 인간이 자연을 만들었다고 할 수 있습니다. 그렇게 만들다 보니 이 두 정원은, 사람들이 전체를 고려해서 고도의 계산을 한 연후에 건설합니다. 그래서 세부적인 것을 매우 정확하게 만들기 때문에, 이것들을 대충하고 넘어가는 법이 없습니다. 이런 일은 그들이 자신들에게 주어진 규범이나 틀을 깨려고 하지 않기 때문에 가능한 것이었습니다.

일본의 용안사 정원을 보면, 그곳에 배치된 검은 돌들이 흡사 기존 질서를 무시하고 자유분방하게 설치된 것 같은 인상을 받을 수 있습니다.

그러나 그 돌들을 놓을 때 인간은 고도의 계산을 했고, 그 결과를 가지고 치밀한 구조를 만들어 돌을 배치했습니다. 철저하게 분석하고 해석하여 대단히 이성적이고 논리적인 정원을 만든 것입니다.

이러한 태도는 중국의 졸정원을 만들 때도 똑같이 적용되니, 졸정원에 대해서는 더 이상의 설명이 필요 없겠습니다.

한국인들의 빛나는 즉흥성

한국인들이 이렇게 기존 틀이나 질서를 거부하는 정신은 위에서 말한 것 말고 또 다른 재미있는 성향으로 나타납니다.

즉흥성이 바로 그것입니다. 한국인들은 어떤 일을 할 때 계획을 장기적으로 세운 다음에 움직이는 것이 아니라, 그 일에 대한 전체적인 계획이 대충 서면 바로 일을 시작하는 사람들입니다. 그렇게 일을 시작하고 일을 진행시키면서 계획도 같이 세워나갑니다.

그러니까 '계획 따로, 일 따로'가 아니라, 일과 계획을 동시에 진행한다는 것입니다. 이것은 전적으로 그렇다는 것은 아니고 다른 나라 사람, 특히 일본 사람과 비교해볼 때 상대적으로 이러한 경향이 두드러진다는 것입니다.

그래서 한국인들은 임기응변에 매우 강합니다. 임시변통을 잘한다는 것입니다. 일을 할 때 예기치 않은 상황이 생겨 현장이 급변하더라도 한국인은 이 상황에 곧 적응합니다. 이러한 태도는 한국인들이 규범이나 규칙 지키는 것을 싫어한다고 했을 때, 익히 짐작할 수 있는 것입니다.

규칙을 싫어하니 한국인들은 자유롭게 주위 환경에 적응할 수 있는 것입니다. 규칙이라는 고정된 틀이 없으니 변화하는 주위 환경에 자신을 맞출 수 있다는 것입니다.

한국인들은 심층적으로 이렇게 자유로운 성정을 가졌기 때문에 스스로 변화 만드는 것을 좋아하고, 새로 생긴 변화에도 아주 익숙하게 적응합니다.

때때로 한국인들은 이 즉흥 정신이 너무 강하게 발휘되어 변덕을 부리는 경우가 있습니다. '변덕이 죽 끓듯이 한다'는 표현은 바로 이럴 때 나옵니다.

이런 상황을 일본과 비교해보면, 일본인은 변칙을 싫어해 규범 대로만 실행한다는 평이 많습니다. 그들에게는 '매뉴얼 민족'이라는 별명이 있을 정도입니다. 그들은 규범집에 나와 있지 않은 일이 발생하면 어찌할 바를 모르고 당황해한다고 합니다.

비근한 예를 들어봅시다.

2011년 후쿠시마 동일본 지진 때 일어난 일이라고 합니다. 재난 지역에 생필품을 전달하고자 헬리콥터가 날아갔습니다. 그런데 그 지역은 이미 많은 곳이 초토화되어, 헬기가 앉을 만한 곳이 없었습니다. 조종사는 간신히 초등학교 운동장을 발견하고, 그 학교 교장에게 연락해 헬기 착륙을 허가해달라고 했습니다.

그런데 이 교장은 자신의 학교 운동장에 헬기가 내리는 것이 처음이라 아무 매뉴얼이 없다고 하면서 결정을 내리지 못했습니다. 처음 겪는 일이라 어찌할 바를 모른 것입니다. 결정을 기다리던 헬기 조종사는 기다리던 답이 오지 않자, 결국 착륙을 포기하고 돌아갔다고 합니다.

일본인들이 매사에 이런 태도를 취하는 것은 널리 알려진 것이라 예화를 덧붙일 필요가 없겠습니다.

그런데 제가 직접 겪은 일이 있어 이것 하나는 소개하고 싶습니다. 지금 생각해보아도 황당한 일이라 공개하고 싶은 것입니다.

수년 전에 저는 일본 동경에 간 적이 있는데, 그때 일행들과 함께 술을 마시면서 저녁 식사를 마쳤습니다. 그런데 마시던 소주가 많이 남아서 숙소에 가서 마시기 위해 병째로 들고나왔습니다.

그랬더니 계산대에 있는 직원이 이 식당 안에 있는 것은 밖으로 가져갈 수 없다고 하면서 저를 저지했습니다. 그래서 저는 '아니 내가 돈 주고 샀는데 왜 못 갖고 가느냐'고 따졌더니, 점원은 어떻든 규정상 안 된다고 고집을 피웠습니다.

아마 식당 안에서 먹던 음식을 갖고 나갔다가 문제가 생기면 책임을 져야 할지 모른다고 생각해 그런 규정을 만든 것 같습니다. 우리 일행은 어이가 없었지만, 소주를 포기하고 시간이 촉박해 그냥 식당을 나왔습니다. 일본인들은 이렇게 규정을 철저하게 지킵니다.

일본인의 이러한 태도는 장점이자 단점이기 때문에, 그에 대해 섣부른 판단을 내릴 필요는 없겠습니다. 그런데 만일 이런 일이 한국에서 일어났다면 완전히 반대 상황으로 전개됐을 것입니다. 한국 식당에서 마시다 남은 소주를 갖고 나오는 일은 문제가 될 수 없으니, 그에 대해서는 더 이상 말할 필요가 없을 것입니다.

그전에 든 예로 돌아가서, 만일 같은 경우가 한국에서 일어났다면 헬리콥터 조종사는 앞도 뒤도 보지 않고 우선 헬기를 착륙시켰을 것입니다. 또 학교 교장도 빈 데가 있으면 아무 데나 헬기를 착륙시키라고 했을 것이고 말입니다. 이런 태도는 한국인이 그만큼 변통성이 있다는 것을 말해줍니다.

그런데 한국인의 이러한 변통성이 좋은 면만 있는 것은 아닙니다. 그 부정적인 영향으로 생각되는데, 한국인은 너무 변칙을 일삼습니다. 기존의 규범이나 약속을 어기면서까지 규칙을 무시한다는 것입니다. 그래서 한국인들의 행위를 보면 불안한 때가 많습니다.

국악에 나타나는 한국인의 즉흥성 혹은 자유분방성

한국인들의 강한 즉흥성이나 높은 변통성을 가장 쉽게 알 수 있는 방법은 그들이 전통적으로 즐겼던 예술을 살펴보는 것입니다.

그중에서도 음악을 들여다보면 됩니다. 즉 국악을 살펴보자는 것인데 그렇게 하는 이유는 국악에는 한국인들의 감성이 가장 많이 배어 있기 때문입니다. 원래 음악은 동양 음악이나 서양 음악을 막론하고 감성으로 하는 것이니 그렇게 말할 수 있는 것입니다.

한국 전통음악의 특징을 말할 때 가장 먼저 나오는 특징은 즉흥성 혹은 일정한 틀을 거부하는 자유분방성입니다. 이러한 경향은 음악의 장르를 불문하고 나타납니다. 귀족 음악, 즉 정악이든 민속악이든 이들 음악에서는 자유분방한 풍조가 진하게 보입니다.

궁중 음악의 경우, 다른 나라 같으면 이런 음악은 시대가 달라져도 거의 바뀌지 않습니다. 그런데 조선의 궁중 음악은 초기의 것과 후기의 것이 전혀 다른 음악이라고 할 정도로 달라집니다.

사실 왕실 음악은 바뀔 수 없습니다. 이유는 간단합니다. 악보가 엄연히 있기 때문입니다. 악보가 있으니 그것을 바꿀 수는 없는 것입니다. 더군다나 왕실 음악인데 그것을 악사가 임의로 바꾼다는 것은 있을 수 없는 일입니다.

그러나 조선의 궁중 악사들은 이 악보를 충실하게 따라가는 것을 거부했습니다. 이것은 어떤 규범이나 틀이 있으면 그것을 파괴하려고 하는 야성적인(?) 한국인들의 성정이 영향을 미친 듯합니다. 궁중의 악사들은 자신도 모르게 기존 악보를 조금씩 변형시켜 연주하는 바람에 많은 변주곡이 생겨납니다. 그 결과 나중에는 원곡과는 완전히 다른 곡이 생겨나게 됩니다. 조선 전기의 궁중 음악과 후기 음악은 그렇게 해서 달라졌던 것입니다.

그런데 즉흥성으로 따지면 민속악의 왕이라고 할 수 있는 시나위를 따라갈 음악이 없을 것입니다.

시나위는 굿판에서 연주되던 무악(巫樂)이었습니다. 이 굿판이라는 것은 가장 밑바닥에 사는 사람들이 벌이던 것이었습니다. 따라서 여기에 참여하는 무당이나 악사들은 사회의 최하위 계층에 속한 사람들이었습니다. 이런 사람들이 하는 음악 연주에 격식이 있을 리 만무했습니다. 따라서 이들은 악보 없이 그냥 자기가 하고 싶은 대로 마음껏 연주했습니다.

그런데 여러 악기가 합주하는 것이기 때문에 최소한의 틀은 필요했습니다. 이 틀이 바로 장단입니다. 악사들은 어떤 장단을 쓸 것인가에 대해서만 합의하고 나머지는 본인들의 재량에 맡겼습니다. 그래서 악사는 대금이든 아쟁이든 자기 악기를 가지고 다른 악사의 눈치 보지 않고 연주했습니다. 그러다 합이 맞는 부분이 나오는 적도 있습니다.

그러나 한국의 악사들은 그런 정형을 좋아하지 않았습니다. 그래서 곧 또 자기 멋대로 불기 시작했습니다. 이렇게 연주하니 전체적으로는 매우 자유분방하게 음악이 진행됩니다. 이처럼 이 음악의 중심에는 즉흥성이 기본 원리로 자리 잡고 있어, 이 즉흥성을 이해하지 못하면 이 음악을 연주할 수 없습니다.

그런데 이렇게 악사들이 제 마음대로 분다고 해서 이 시나위 음악이 아무나 할 수 있는 음악이 아닙니다. 그 반대로 최고의 악사들만 할 수 있는 매우 어려운 음악입니다. 제멋대로 한다고는 하지만 무의식적으로는 전체의 흐름에 맞추어 가야 하기 때문에 이른바 '초짜'들은 할 수 없습니다. 한번은 틀을 따랐다가 또 한번은 그 틀을 벗어났다가 하는 등등 정해진 틀을 자유롭게 넘나들어야 하기 때문에 이 음악이 어려운 것입니다.

이 시나위 음악의 연주가 상상이 잘 안 되는 분들은 흑인들이 재즈 연주하는 것을 상상해보면 되겠습니다. 재즈의 가장 큰 특징도 즉흥적인 애드립에서 찾을 수 있습니다. 애드립이란 각각의 악기들이 흥에 겨워 악보에 없는 것을 즉흥적으로 연주하는 것을 말합니다.

이것은 재즈의 초기 역사를 보면 알 수 있습니다. 흑인들이 낮에 힘겨운 노동을 마치고 밤에 지하실 같은 데에 모여 자신들이 하고 싶은 음악을 자유롭게 했기 때문에 이렇게 즉흥적인 음악이 나올 수 있었던 것입니다.

이 흑인들은 최하위 계층이었기에 악보 같은 것이 있을 수 없었습니다. 악보라는 틀이 없으니 자유로운 연주가 가능했던 것입니다. 그렇게 그들이 그저 자신들의 흥에 겨워 음악을 연주하다가 재즈라는 음악이 탄생한 것입니다.

한국인들은 정
자신들

그

즉
그들은 이
망
차분하

l 질서에서 조용하게 있기보다
l끼나 흥 에너지를 발산하면서
l하기와 춤추기를 좋아합니다.
그들은 종국적으로 엑스터시,
경에 빠지는 것을 선호합니다.
에너지를 한쪽에 쏠리게 해서
적인 상태를 지향하기 때문에,
지고 분석하고 토론하는 것을
리 달갑게 생각하지 않습니다.

즉흥을 넘어서 변덕으로

국악이 얼마나 많은 즉흥이나 변주를 허용했는지를 알 수 있게 해주는 좋은 예가 있습니다. 이것은 국악계에서는 잘 알려진 사실이지만 일반적으로는 거의 알려지지 않았습니다.

이 이야기는 20세기 중반에 가야금 연주의 최고 명인으로 꼽히는 심상건에 관한 것입니다. 심상건은 가수 심수봉의 집안 어른이라고 합니다. 심수봉과 같은 명가수가 나올 수 있었던 데에는 집안 배경이 크게 작용했던 것 같습니다.

심상건이 '레슨'을 할 때 보여준 변덕은 그야말로 상상을 절하는 것이었습니다. 심상건에게서 레슨을 받는 학생이 그 음악을 다 외워서 그다음 날 레슨 받을 때 그대로 연주하면 심상건은 자신은 그렇게 연주하지 않았다고 딱 잡아뗐다고 합니다.

그다음 레슨에서도 같은 소리를 하기에 학생은 심상건이 그 전날 레슨에서 가르친 것을 녹음해서 그것을 틀어주었습니다. 학생은 이전에 가르쳐준 대로 연주했는데 심상건이 자신은 그렇게 연주 안 했다고 하니 녹음한 것을 들려준 것입니다. 녹음기에서 나온 소리는 학생이 지금 연주한 것과 같은 선율이었습니다. 이제 심상건은 더 이상 도망칠 수 없는 막다른 골목에 다다른 것입니다.

그러자 심상건은 얼굴색 하나 안 바꾸고 '그건 어제의 음악이지 오늘의 음악이 아니야'라고 일갈했다고 합니다.

심상건은 자신이 하루 전에 했던 음악도 부정하는 것입니다. 이 정도면 즉흥을 넘어서 변덕이 되었다고 할 수 있습니다. 후문이지만 심상건의 이러한 변덕 때문에 그에게는 제자가 없었다고 합니다. 선생의 죽 끓는 듯한 변덕을 견딜 만한 사람이 없었던 것입니다.

그러나 이런 모습이 반드시 부정적인 것만은 아닙니다. 창조성과도 관계되기 때문입니다. 이렇게 변덕을 부리다 보면 이전과는 영 다른 새로운 음악이 나올 수 있으니까요. 원래 창조적인 음악은 이런 과정을 겪으면서 나오는 것 아닐까요?

한국의 전통 음악가들은 어제의 음악과 오늘의 음악이 달라야 한다고 생각했듯이, 나의 음악과 타인의 음악은 달라야 한다고 믿었습니다. 한국의 전통 예인들은 음악을 스승에게 배울 때 아무리 스승이라고 해도, 그와 똑같은 소리를 내면 인정받지 못했습니다. 타인, 그중에서도 특히 스승의 음악을 그대로 모방하는 것을 국악계에서는 '사진소리'를 내는 것이라 하면서 극력 꺼렸습니다.

사진소리란 스승(혹은 다른 소리꾼)의 소리를 사진처럼 그대로 베껴서 하는 소리로, 한마디로 다른 사람의 소리를 그대로 모방하는 것을 말합니다.

우리는 판소리 분야에서 '득음'을 했다는 표현을 많이 듣습니다. 이것은 자기만의 소리를 얻었을 때 쓰는 표현입니다. 스승과는 다른 소리를 할 수 있게 되었다는 것으로 만일 이것을 다른 예인이나 청중으로부터 인정을 받으면, 그는 독립적인 예술가가 되는 것입니

134
135

다. 판소리계에서는 그만큼 창조적인 것을 중시했습니다(이것은 다른 악기도 마찬가지입니다!).

국악의 이러한 모습 때문에 특히 판소리의 경우에는 자신의 스승이 누구인지 밝히는 일이 매우 어려웠다고 합니다. 한 스승에게서만 계속 배운 것이 아니라, 여러 스승을 전전하면서 배웠기 때문입니다.

예를 들어 심청가의 한 대목은 가 스승에게, 춘향가의 한 대목은 나 스승에게 배우는 식으로 터득하는 것이 그것인데, 그렇게 해서 배울 만큼 배웠다고 생각하면 그다음 단계로 넘어갑니다. 즉 자신의 소리를 찾기 위해 산에 들어가서 독공(獨工)을 하는 것입니다(여기서 중요한 것은 산에 들어가는 것이 아니라 혼자 연습하는 것입니다!).

이때부터 그는 혼자 사투를 하면서 자기 소리가 나올 때까지 연마에 연마를 거듭합니다. 그러다가 자기 소리를 찾는 데에 성공했다고 칩시다. 이것이 앞에서 말한 득음의 경지인데 여기까지 와야 이 사람은 산에서 내려올 수 있습니다.

그러나 그것으로 끝나는 것이 아니라, 앞에서 말한 것처럼 다른 사람들로부터 그 창조성을 인정받아야 합니다. 그의 소리가 그 이전에 누구도 못했던 그만의 고유의 소리라는 것을 인정받아야 하는 것입니다. 그런 과정을 거친 뒤에야 그는 명창과 같은 칭호를 받을 수 있게 됩니다.

판소리의 학습 과정은 대체로 이렇게 진행되는데, 이때 그 소리꾼에게 당신의 스승이 누구인가 하고 묻는다면, 그는 쉽게 대답할 수 없지 않겠습니까? 이 스승, 저 스승을 돌아다니면서 배웠고, 마지막 단계에서는 스스로 득음의 경지에 올랐으니 말입니다. 자신의 소리를 스승을 통해 찾은 것이 아니라, 자기 스스로 찾아냈으니 스승이 누구라고 자신있게 말할 수 없는 것입니다.

그런데 이것은 20세기 중반 이전의 이야기이고 그 이후는 이렇게 진행되지 않았습니다. 지금은 사제지간이 매우 배타적으로 되어 진행되기 때문입니다. 지금은 여러 스승으로 전전하기보다, 한 스승의 제자 그룹에 들어가면 그것으로 끝나는 경우가 많습니다.

이것은 이에모토[家元]라 불리는 일본의 예인 제도를 연상하게 하는데, 일본의 경우는 한국과 달라 흥미를 자아냅니다. 그냥 다른 게 아니라 완전히 반대로 진행되니 재미있습니다.

일본 전통 음악계에서는 한 스승의 제자가 되면, 스승이 하는 것을 똑같이 따라 해야 한다고 합니다. 그러니까 한국 전통음악의 용어로 하면 사진소리를 해야 한다는 것입니다. 만일 제자가 자기 소리를 내면 바로 그 스승 문하에서 쫓겨난다고 합니다. 한국과는 정반대의 상황인데, 그렇다고 일본의 전통 예술이 창조적이지 않다는 것은 아닙니다. 그들도 그들 나름의 창조성에 입각해 예술을 펴나갔을 것입니다.

이 이야기와 같은 맥락에서 언급하고 싶은 주제가 있습니다.

국악의 박자, 즉 장단과 관계된 것입니다. 국악의 장단을 보면 틀을 거부하는 자유분방한 정신이 넘쳐, 어떤 때는 변덕처럼 느껴지기도 합니다. 한국 전통음악이 쓰고 있는 박자는 전 세계 음악의 박자 가운데 가장 어려운 것 중의 하나로 정평이 나 있습니다.

전문가들은 한국 전통음악의 박자와 비슷한 정도로 어려운 박자는 인도나 터키의 전통음악밖에 없다고 합니다. 그 이외의 나라에는 한국 전통음악처럼 어려운 박자가 없다고 합니다.

국악의 박자는 도무지 예측할 수 없을 정도로 복잡합니다. 전혀 예상치 못한 곳에 강조점이 들어가는 등, 국악의 박자는 상식적으로 진행되지 않는 것처럼 보입니다. 여기서도 한국인들의 놀라운 변덕이 돋보입니다.

박자는 말로 설명하기가 대단히 힘든데, 설령 국악인들에게 설명을 들어도 비전문가인 우리는 이해하기가 어렵습니다. 그만큼 국악의 박자는 어렵습니다.

그러나 여러분의 이해를 돕기 위해 비근한 예를 들어봅시다.

장단 중에 '굿거리 장단' 같은 것은 상대적으로 쉬운 장단에 속한다고 할 수 있습니다. 그런데 이 장단에도 전혀 예기치 못한 곳에 강박이 들어갑니다. 이 장단은 12박으로 진행되는데, 이 가운데 9번째 박에 강박이 들어갑니다.

이것은 서양의 대중가요 박자에서는 상상하지도 못한 곳에 강박이 들어가는 것입니다. 따라서 서양 장단에 익숙한 사람은 이 장단을 따라 하기가 매우 힘듭니다. 그러나 한국인들은 그들의 언어에 이러한 장단이 들어가 있어, 어느 정도 이 장단을 흉내 낼 수 있고 배우면 따라 할 수도 있습니다.

그런데 외국인들은 국악의 장단을 따라 하는 것이 아예 안 되는 경우가 많습니다. 여기에 딱 맞는 예가 있습니다.

'반갑구나 반가워(요)'라는, 한국의 코미디언들이 만들어낸 어구가 그것입니다. 한국인들은 이 어구를 아무 문제 없이 잘 따라 합니다. 그런데 이 간단한 것을 외국인들은 흉내도 잘 내지 못합니다. 이 어구는 '자진모리장단'으로 되어 있는데, 이 간단한 장단도 외국인들에게는 어려운 것입니다. 국악 장단은 이렇게 어렵습니다.

굿거리장단 같은 것은 전문적인 영역이라 비전문가들은 잘 이해하지 못할 수 있으니, 한국인이면 누구나 아는 예를 들어봅시다.

한국인치고 '대~한 민국'이라는 응원 구호를 모르는 사람은 없을 것입니다. 한국인에게 이 구호는 따라 하기 쉬운 아주 단순한 구호입니다. 그런데 이 간단한 구호를 따라 하기 힘들어하는 외국인들이 많습니다.

그 이유를 알려면 이 구호의 박자를 알아야 하는데 이것을 세세하게 분석하는 것은 외려 여러분의 이해를 어렵게 만들기 때문에 큰 얼개만 간단하게 살펴봅니다.

이 구호는 4박자로 되어 있는데 그 음표의 구성이나 강약의 구조가 서양의 4박자와 다릅니다. 서양형 4박자는 강박이 세 번째 박자에 가 있습니다. 청중 여러분들이 이것을 쉽게 알 수 있는 방법이 있습니다.

서양의 대중음악을 들으면서 우리는 '쿵쿵따 쿵쿵따'라고 많이 되뇌는데 이것이 바로 서양 박자의 전형적인 모습입니다. 충분히 예상

할 수 있는 것처럼 이 박자에서는 강박이 '따'에 가 있습니다. 즉 3
번째 박자에 가 있는 것입니다(4번째 박자는 쉼표).

그에 비해 '대~한 민국'이라는 구호에서는 강박이 첫 번째 박자
에 가 있습니다. 그래서 우리가 '대'라고 할 때 힘을 주는 것입니다.
힘을 주는 동시에 길게 끄는 것입니다. 그러나 3번째 박자에 해당
하는 '민'에는 강박이 없습니다. 만일 이 구호를 서양식으로 읽는다
면 '민'에 강박이 들어가야 합니다. 그렇게 읽으면 '대한 민~국'처럼
되어 세 번째 박인 '민'이 길게 발음됩니다.

또 앞의 두 박자를 구성하고 있는 '대~한'도 서양형 박자로 되
어 있지 않습니다. 이것을 서양식으로 읽을 때는 보통 '♩. + ♪'와
같은 형식으로 읽습니다. 그런데 이 구호는 서양의 형식이 아니라
'♫♪'(셋잇단음표)의 형식으로 되어 있습니다. 이런 식의 셋잇단음표는
국악에서는 아주 흔한 것인데 서양 대중음악에서는 잘 채택되지 않
습니다. 그런데 이 두 박자를 서양식으로 읽는 것과 한국식으로 읽
는 것은 별 차이가 없는 것 같지만, 실제로 연주하는 음악에서는
엄연한 차이가 있습니다.

이 두 가지 박자를 직접 들어보면 느껴지는 풍취가 다릅니다. 후
자 쪽이 훨씬 국악 냄새가 많이 납니다. 그래서 나는 이 구호를 '한
국형 4박자'라고 이름을 붙였습니다. 그런고로 서양형 4박자에 익
숙한 사람들은 이 구호를 정확하게 할 수 없습니다.

이 구호를 진짜 따라 하지 못하는 사람들이 있는데 일본인이 그
들입니다. 일본 전통음악의 박자는 2박으로 되어 있어 지극히 단순

합니다. 따라서 그런 박자에 익숙한 사람들은 한국형 4박자로 되어 있는 이 구호를 정확하게 따라 하는 것이 힘듭니다. 왜냐하면 일본 인들이 이 구호를 말하는 순간, 그들의 2박자 형으로 바꾸어버리기 때문입니다.

이것은 흡사 일본인들이 영어를 미국식으로 말하려 해도 일본식 의 영어가 나올 수밖에 없는 것과 마찬가지라 하겠습니다(이것은 일본의 구세대에만 해당되는 것이기는 하지만 말입니다).

한국 국악의 장단은 이처럼 간단한 것부터 복잡하고 다른 나라 음악의 장단과 너무 다릅니다. 다시 강조하지만 국악 장단이 이렇게 복잡하게 된 것은 한국인이 갖고 있는 자유분방성과 변덕 혹은 변칙성이 발휘된 결과라 할 수 있습니다.

한국인들은 이러한 성향을 다양한 전통 예술을 구사할 때 있는 그대로 구현합니다. 가령 그림을 그릴 때는 종이 위에서 그 기질을 발휘하고, 건축을 할 때는 땅 위에서 같은 일을 합니다. 건축은 공간에서 행하는 변칙이라고 할 수 있습니다.

이에 비해 국악의 장단은 한국인들이 그들의 변칙성 혹은 변덕을 시간적으로 발휘한 것입니다. 그래서 한국인들은 아무도 예상하지 못한 지점에 강박을 때린다거나 엇박을 치는 것입니다.

나는 평소에 만일 누가 한국인들이 집단적으로 갖고 있는 성정을 이해하고 싶다면, 국악을 배워야 한다고 주장해왔습니다. 음악에서는 인간의 감정이 있는 그대로 드러나서, 즉시로 그것을 느낄 수 있기 때문입니다.

현대에도 한국인의 이러한 변덕의 모습이!

앞에서 우리는 심상건이 얼마나 변칙을 선호했는지 보았습니다. 심상건의 이러한 태도는 다소 극적인 것이지만, 일반적인 한국인들에게서도 이와 비슷한 모습이 보입니다. 심상건처럼 아주 변덕스러운 것은 아니지만, 현대 한국인들도 일상에서 규범을 깨버리는 행동을 자주 한다는 것입니다.

이런 모습이 많이 있지만 가장 지척에서 발견되는 사례를 들어봅시다.

한국인의 이러한 모습은 TV 예능 프로그램에서 예외 없이 발견됩니다. 이것은 TV 프로그램이 그것을 시청하는 사람들의 심적인 성향을 있는 그대로 반영하기 때문에 생기는 일일 것입니다.

제가 본 프로그램은 팀으로 나눠서 하는 퀴즈 프로그램이었는데, 문제를 맞히면 1점씩 주는 식으로 진행되었습니다. 그렇게 하다 한 팀이 독주하니까, 갑자기 사회자가 돌발 제안을 했습니다. 문제를 맞히면 1점이 아니라 10점을 주자고 말입니다. 1점씩 올라가는 게 재미가 없으니 변칙을 도입한 것입니다.

그렇게 되면 꼴찌 팀이라도 서너 문제를 먼저 맞힌 선두 팀들을 한 번에 이길 수 있게 됩니다. 이렇게 제안하자 모두가 좋다고 하면서 퀴즈 놀이를 이어갔습니다.

결과가 어떻게 됐는가는 전혀 중요한 것이 아닙니다. 나는 이런 광경을 목도하고 너무 이상해서 기괴함마저 느꼈습니다. 아무리 오락이지만 저렇게 하는 것은 말이 안 된다고 생각했기 때문입니다. 그렇게 규칙을 갑자기 바꾸어버리면 그때까지 문제를 잘 맞힌 팀은 무엇이 되겠습니까? 그 노력이 수포로 돌아가는 것 아니겠습니까? 저렇게 진행하려고 했다면 각 팀들은 처음부터 열심히 할 필요가 없지 않겠습니까? 이것은 무엇보다 '공정'을 해치는 것이라 해서는 안 되는 일입니다.

이와 같은 것이 제가 당시에 들었던 생각인데 하도 이상해서 다른 사람들에게 의견을 물었습니다. 그랬더니 그들의 반응은 더 충격적이었습니다. 이렇게 게임 규칙을 갑자기 바꾸는 데에 아무도 이의를 달지 않았기 때문입니다. 아무도 그게 잘못된 것이라고 생각하지 않았던 것입니다.

그저 재미로 하는 건데 뭘 그렇게 심각하게 받아들이냐는 투였습니다. 저간에 유행하는 말로 '웃자고 하는 건데 왜 죽자고 덤비냐'라는 식의 반응만 보일 뿐이었습니다.

이 같은 주위 사람들의 태도가 이해 불가능한 것은 아닙니다. 그들도 한국인이기에 평소에 한국인들이 이처럼 즉흥적이고 변칙적으로 일을 처리하는 데에 익숙한 것입니다. 그래서 그들의 눈에는 앞에서 본 퀴즈 게임에서 규칙을 바꾸는 게 일상적인 것으로 비쳤을 수 있습니다. 거개의 한국인들이 변칙적으로 살고 있는데, TV 연예 프로그램에서 그까짓 규칙 하나 바꾸는 게 뭐가 그리 대단한 일이냐고 하는 것입니다.

그렇게 보니 한국 사회에 얼마나 많은 변칙이 있었는지 새삼스레 깨닫게 되었습니다. 그 대표적인 경우가 정치입니다.

예를 들어봅시다.

실명은 밝히지 않겠지만 어떤 명망 있는 시민운동가가 있었습니다. 그는 나도 잘 아는 사람으로 시민운동에서는 거의 신으로 불리던 사람이었습니다. 그가 시민운동가로 있을 때, 많은 사람들이 그에게 '당신이 하는 일은 모두 나중에 정치하려고 하는 것 아닌가?'와 같은 질문을 던졌습니다. 그에 대해 그는 일관되게 '내가 정치하는 일은 절대로 없을 것이다'라고 부인했습니다.

그러다 정치적으로 유력한 자리가 공석이 되자 그는 주저 없이 출마해서 그 자리에 올라앉았습니다. 그리고 자신이 정치하지 않겠다고 그렇게 되뇌던 것에 대해서는 사과는커녕 일말의 언급도 하지 않았습니다.

나는 그런 그의 행태가 도무지 이해되지 않아 주위 사람들에게 '아니 저렇게 거짓말해도 되나? 평생 정치 안 하겠습니다고 약속해놓고 어떻게 저렇게 한순간에 어길 수 있나?' 하고 토로했습니다.

그랬더니 그때 한결 같이 오는 답변은 '정치인들이 다 그런 거지. 그런 걸 가지고 예민하게 왜 그러냐?'는 것이었습니다. 그래서 질문을 한 제가 머쓱했던 기억이 있습니다. 원칙을 따지는 제가 바보가 된 것입니다.

이런 유의 예에 대해 얼마든지 논의를 더 할 수 있지만 이것으로 충분하다고 생각합니다.

한국인들은 워낙 변칙에 익숙해져 있어 이 정도의 변칙은 변칙으로 보지 않는 것입니다. 물론 그들도 자신들의 이익이 첨예하게 걸리는 문제에 직면하면 상대방의 변칙에 대해 비판합니다. 그러나 자신과 관계되는 일이 아니면 변칙을 일삼는 사람들에 대해 그다지 비난하지 않습니다.

한국 사회에는 수많은 변칙이 난무하고 있으니 한국인은 변칙에 관한 한 다른 나라 사람을 훨씬 능가할 것이라는 생각마저 듭니다.

국악의 장단은
한국인들이 그들의 변칙성
혹은 변덕을 시간적으로
발휘한 것입니다.
그래서 한국인들은
아무도 예상하지 못한 지점에
강박을 때린다거나
엇박을 치는 것입니다.

앞에서 우리는 한국인들이 강하게 갖고 있는 것처럼 보이는 성향, 즉 자유분방성이나 변칙 선호, 모든 것을 대충한다는 의미에서 대충이즘(Daechungism), 가무에 대한 지나친 사랑 등에 대해 살펴보았습니다.

이번에는 여러분의 이해를 돕기 위해 이런 성향이 어떻게 구체적으로 나타나는지 보려 합니다. 위에서 대충이즘이라고 한 것은 한국인들이 일을 대할 때 대범하게 혹은 대충 하는 것이 너무나 두드러져, 영어권 사람들이 알기 쉽게 만들어본 용어입니다.

앞에서도 많이 언급했지만, 한국인들은 미리 정해 놓은 규칙 같은 것은 아랑곳하지 않고 대충 처리하는 경향이 강합니다. 그런데 한국인의 자유분방한 대충이즘은 대체로 두 방향으로, 혹은 두 수준에서 발현되는 것 같습니다.

먼저 이 대충이즘이 고도의 예술 정신과 합해지면, 일찍이 다른 문화권에서는 볼 수 없는 최고의 작품을 만들어낸다고 말하고 싶습니다. 이럴 때의 대충이즘은 상층의 대충이즘이라 할 수 있겠습니다. 이 대충이즘이 작동하면 무의식적으로 치밀한 계산이 들어가고, 보이지 않는 차원에서 내적인 질서가 구현됩니다.

그래서 한국인만이 할 수 있는 예술적 표현이 가능해집니다. 여기에는 이성과 감성을 넘어서는 직관 같은 것이 동원됩니다. 뒤에서 우리는 이에 대한 예를 보게 될 것입니다.

이와는 반대로, 낮은 수준의 대충이즘이 있습니다. 여기에서는 이성을 넘어서는 치밀한 계산 같은 것은 찾아볼 길이 없습니다. 그저 감정적인 발산만이 있을 뿐입니다. 한국인이 간직한 풍부한 감성적인 에너지의 폭발만 있을 뿐입니다.

따라서 창조적이기보다는 소모적인 쪽으로 쏠리게 됩니다. 이에 대한 예도 적지 않습니다. 이런 모습은 특히 근자에 들어와 눈에 많이 띕니다.

그러면 이제 이 두 방향으로 나타나는 대충이즘의 면모를 살펴봅니다.

상층의 대충이즘

한국의 전통 예술을 보면 시대를 막론하고 예술적 표현을 대범하고 대충 처리하는 경향이 강한 것처럼 보입니다. 이러한 경향을 두고 미술사가들은 앞에서 언급했지만 '세부에 대한 무관심'이라는 전문적인 용어로 표현합니다.

한국의 예인들은 예술품을 만들 때 전체적으로 큰 틀을 만들고, 그 틀을 바탕으로 하고 싶은 표현을 다 하고 나면, 나머지 세부적인 것에 대해서는 대충 처리하면서 끝내는 경향이 있습니다. 세세한 것까지 신경 써서 섬세하게 만들지는 않는다는 것입니다.

한국인의 대충이즘은 여기서 끝나지 않습니다. 눈으로 보이지 않는 부분에 대해서도, 대충 처리하는 경향이 있습니다. 예를 들어 불상의 뒷면이나 도자기의 바닥 같은 부분은 보이지 않기 때문에, 꼭 하다 만 것처럼 끝내는 경우가 꽤 있습니다. 끝처리가 말끔하지 않다는 것입니다.

일본이나 중국의 전통 예술품들의 경우에는 이와는 다른 모습을 보입니다. 이들의 작품에서는 보이는 부분과 보이지 않는 부분이 별 차이를 보이지 않습니다. 그들은 그것이 보이든 보이지 않든, 세부적인 부분에까지 매우 정교하고 깔끔하게 마무리하기 때문입니다. 그야말로 전체가 틀에 꽉 맞는 완벽미를 추구한다고 하겠습니다.

한국인들의 이러한 성향은 시대를 막론하고 발견됩니다. 이러한 경향은 조선 후기에 와서 강해지는데, 그렇다고 다른 시대의 예술품이 이 성향을 따르지 않는 것은 아닙니다. 고려시대처럼 정교한 귀족 문화가 판을 친 시대의 예술품에서도 그러한 경향이 발견되기 때문입니다.

대표적인 예가 고려청자입니다. 사람들은 고려청자라고 하면 대단히 정교한 최상의 예술품으로 생각합니다. 물론 그것이 틀린 견해는 아닙니다. 고려청자는 대단히 섬세한 작품입니다. 그러나 중국의 자기와 비교하면 확실하게 다른 점이 보입니다. 세부적인 부분을 처리하는 방법이 다르기 때문입니다.

고려청자 역시 한국의 예술품답게 세부적인 부분을 대충 처리한 경향을 보입니다. 예를 들어 고려청자를 대표한다고 볼 수 있는 상감운학문 매병(국보)을 보면 지극히 정교하고 화려하기 이를 데 없습니다. 특히 그 많은 학과 구름을 상감으로 처리한 것을 보면 정교함의 극치를 보입니다.

그런데 그릇의 밑 부분에 연꽃잎을 표현한 것을 보면 대충 처리한 느낌을 지울 길이 없습니다. 여기서는 그릇의 윗부분에서 보이는 정교함이 재현되지 못하고 덜 정확하게 꽃잎이 묘사되어 있기 때문입니다.

그런데 이 그릇만 놓고 보면 여기에 나오는 문양이 대충 표현된 것인지 아닌지를 잘 알 수 없습니다. 그러나 비슷하게 생긴 일본 그릇이나 중국 그릇을 옆에 놓고 보면, 곧 한국 그릇이 꽉 짜여 있지 않다는 느낌을 받게 됩니다.

이 두 이웃 나라의 그릇들은 극히 정교하게 문양을 만들고 세부적인 것도 끝까지 세밀하게 표현했는데, 한국 그릇은 정교한 부분이 없는 것은 아니지만 세부적인 부분의 표현에는 그다지 신경을 쓰지 않아 긴장감이 풀리는 것입니다. 그래서 우리는 부지불식간에 한국 그릇은 무언가 비어 있다는 느낌을 갖게 되고 더 나아가서 여유도 느낄 수 있습니다.

이런 예에서 우리는 한국의 전통 예술에서 보이는 수준 높은 대중이즘의 표현을 발견할 수 있습니다. 그런데 한국의 전통 예술품 가운데 가장 정교하다는 고려청자가 이렇게 만들어졌다면, 다른 예술품은 보나 마나 한 것 아닐까 합니다. 다른 예술품들은 청자보다 더 대중이즘에 충실하게 만들어졌을 것이라고 추측할 수 있는 것입니다.

그런데 제가 직접 확인해보지는 못했지만, 고려청자와 대중이즘과 관련해서 재미있는 이야기가 하나 더 전해집니다. 이것은 청자의 밑바닥과 관계된 것인데, 이 부분은 제가 직접 확인해 볼 길이 없어 전공자들의 말을 전할 수밖에 없습니다.

앞에서 나는 한국인들이 예술품에서 보이지 않는 부분을 대충 처리한다고 했는데 이 모습이 청자에서도 발견된다고 합니다. 청자 전공자들에 따르면, 청자 가운데 그 밑바닥 면이 정교하게 처리되지 않은 것이 있다고 합니다.

밑바닥에는 그릇을 구울 때 이물질이 붙을 수 있는데, 청자를 만드는 도공이 그것을 떼어내서 바닥을 매끄럽게 처리하지 않은 것입니다. 추측건대, 밑바닥은 보이지 않으니 대충 처리한 것 아닌가 하는 생각이 듭니다.

그런데 이런 경우는 일본이나 중국에서는 결코 발견할 수 없습니다. 일본이나 중국 예술품들의 정교함은 한국인들은 상상하지 못할 정도입니다.

한국인들은 일찍이 그들의 뇌리에 그런 꼼꼼함에 대한 개념이 없었기 때문에 한국의 도공들 역시 일본이나 중국 예술품이 갖고 있는 섬세함의 극치를 구현할 수 없었을 것입니다. 아니 그들은 애초에 구현할 마음조차 갖지 않았는지도 모릅니다.

이처럼 청자에 대한 이야기를 하다보니, 언뜻 생각하는 사례가 있습니다. 조선 목가구에 대한 것입니다. 이 가구의 디자인이 갖고 있는 드높은 수준은 국내뿐 아니라 세계적으로도 아는 사람은 다 압니다.

성리학의 영향에 따라 만들어진 것으로 생각되는 그 '심플'한 디자인이 매우 강렬하기 때문입니다. 요즘 말로 하면 '젠' 스타일이라고나 할까요? 이렇게 디자인이 단순하다 보니 조선 목가구는 현대 서양식 건물에 놓아도 아주 잘 어울립니다.

이 가구의 디자인에 대해서 할 말이 많지만 여기는 이 주제를 설명하는 자리가 아니니 이에 대한 설명은 지나치기로 합니다. 우리의 주제는 한국 예술품에 나타나는 대충주의와 관련된 것이니 그것과 관련된 것만 보기로 합니다.

일본에는 이 조선 목가구를 만들어 파는 회사가 있다고 합니다. 이것은 제가 직접 확인한 것은 아니고 TV에서 다큐멘터리로 방영한 것을 본 것입니다. 조선 목가구에 반한 어떤 일본인이 만든 회사라고 하는데, 이 회사에서는 조선 목가구를 전통 것과 똑같이 만들어 판다고 합니다.

그런데 여기서 만든 조선 목가구를 본 한국 장인들은 이상함을 느낀다고 합니다. 왜냐하면 생김새는 분명 조선 가구인데 조선적인 느낌이 잘 들지 않기 때문입니다. 그래서 그 이유를 찾아보니 대략 다음과 같이 추정해볼 수 있었습니다.

이 회사에서는 이 가구를 만들 때 도면을 만들어서 그에 맞추어 한 치도 틀리지 않게 정확하게 제작한다고 합니다. 현대 가구를 만들 때 이것은 당연한 일입니다. 도면이 없으면 어떤 가구도 만들 수 없는 것 아닌가요?

그래서 이런 식으로 만들어진 가구는 모두 똑같았습니다. 이것은 당연한 것입니다. 도면에 따라 만들었으니 말입니다. 예를 들어서 이 회사에서 이층장을 짜면 이 가구들은 정확한 도면에 따라 만들어지기 때문에 다 똑같게 나왔습니다.

그런데 이것은 조선 장인들의 스타일이 아닙니다. 조선의 장인은 이렇게 만들지 않았습니다. 그들은 도면에 의존하지 않고 머릿속에 있는 이미지만 가지고 장을 만들었습니다. 그래서 그렇게 만들어진 장은 같은 것이 하나도 없었다고 합니다.

머릿속에 있는 이미지만 가지고 대충 만들었기 때문에 그때마다 다르게 나온 것입니다. 물론 크게 다른 것은 아니고 조금씩만 차이가 났을 것입니다. 바로 이러한 모습이 조선 장인의 대충이즘이 빛을 발하는 순간이라 할 수 있을 것입니다.

가구가 그렇게 만들어지니까 우리는 한결 여유롭게 그 가구를 대할 수 있습니다. 각 가구가 이처럼 자유분방한 정신에 따라 만들어졌으니 그것을 대하는 사람의 마음이 편한 것입니다.

반면에 일본 회사에서 만든 가구에서는 이런 여유나 풍류(?)를 느낄 수 없고 심지어는 긴장감마저 느껴졌을 것입니다. 겉은 조선 가구인데 그것을 만든 정신은 조선 것이 아니니, 조선 맛이 나지 않는 것입니다.

달항아리처럼
그릇이 좌우가 일그러져 있고,
겉면에는 아무 문양도 없는
그릇의 이미지는 서양인들의 뇌리에는
아예 존재하지 않았을 것입니다.

서양인들이 조선의 백자에 대해서
그다지 반응을 보이지 않은 것은
당연한 일이었을 것입니다.

상층 문화와 기층 문화가 만나는 조선 후기

한국의 역사를 조망해보면 시기별로 볼 때 이 같은 대중이즘이 가장 빛을 발하는 것은 조선 후기라 할 수 있습니다. 조선 후기는 한국 역사 전반에서 볼 때 매우 특이한 시기입니다. 그 가장 큰 특징은 상층 문화와 기층 문화가 만났다는 것입니다.

원래 계층적으로 볼 때 상층과 기층은 잘 만나지 않습니다. 문화도 마찬가지입니다. 상층 문화와 기층 문화는 따로 가기 때문에 섞이지 않는 법입니다. 그런데 조선 후기가 되면서 한국 역사상 처음으로 이 두 문화가 만나게 되고 서로 섞이게 됩니다.

사정이 이렇게 된 데에는 여러 가지 요인이 있습니다. 그중에서도 조선 후기에 상업과 산업이 발달하면서 기층민들이 부를 쌓게 되었고, 그 부를 가지고 신분 상승하게 된 것이 가장 큰 요인이라 하겠습니다.

이렇게 두 계급이 만나니까 문화도 자연스럽게 섞이게 되었는데, 그러면서 매우 뛰어난 문화가 만들어졌습니다. 이렇게 된 이유는 간단합니다. 규범과 질서를 중시하는 상층 문화와 자유분방함과 에너지가 충만한 기층 문화가 섞이게 되었기 때문입니다.

그전까지는 이 두 계층의 문화가 독립적으로 존재했기 때문에, 서로 이질적인 문화로만 남아 있었습니다. 그래서 그동안 상층 문화는 규범을 강조한 나머지 활력이 부족했다면, 기층문화는 활력은 넘치지만 기품 있는 규범이 부족했다고 할 수 있습니다.

그러던 것이 조선 후기에 이 두 문화가 섞이면서 양 문화의 장점이 혼융돼 시너지 효과를 가져온 것입니다. 각 계층이 지니고 있었던 세계관도 매우 달랐습니다. 즉 상층이 갖고 있던 세계관이 유교적인 것이었다고 하면, 기층은 샤머니즘적인 세계관을 지향하고 있었습니다.

이 두 세계관은 조선 중기까지 좀처럼 섞이지 않았는데 후기가 되면서 자연스럽게 섞이게 됩니다. 특히 기층의 샤머니즘적인 자유분방한 성향이 강한 영향을 미쳐, 조선의 전 예술이 그 영향권 안에 들어가게 됩니다.

이런 식으로 추상적으로 이야기하는 것보다 예를 하나 들어보는 게 낫겠습니다.

조선 말에 상층 문화와 기층 문화가 섞이면서 만들어진 명품 중의 명품이 바로 판소리입니다.

판소리는 18세기에 기층에서 만들어졌는데, 당시 상층 계급인 사대부들은 새로운 음악이던 이 판소리를 알지 못했을 뿐만 아니라 관심조차 가지지 않았습니다.

당시 양반들에게 이 판소리는 하층의 저열한 음악에 불과했습니다. 그때 판소리에 관심을 갖기 시작한 어떤 양반이 다른 양반들로부터 호된 비판을 받은 것을 보면 당시의 상황을 알 수 있습니다.

그러다 판소리가 당시 사람들의 정서와 호응하는 면이 많아지자, 양반들도 서서히 판소리에 관심을 갖기 시작했습니다. 그 관심은 더욱더 발전해 드디어는 판소리 형성에 상층 계층이 뛰어들게 됩니다. 그 대표적인 예가 판소리를 정리한 신재효입니다.

신재효는 신분으로는 중인이지만 이념적으로는 양반 계층에 속합니다. 지금 우리가 접하고 있는 〈심청전〉이나 〈춘향전〉, 〈흥부전〉 같은 것은 모두 이 신재효가 정리한 것입니다. 그래서 신재효에 의해 기층민의 예술은 상층 문화의 틀을 갖게 되었고, 그렇게 됨으로써 이 두 문화는 자연스럽게 서로 섞이게 됩니다. 그 과정에서 상층의 규범적인 문화와 기층의 자유롭고 활발한 문화가 혼합되고 현재 우리가 듣는 세계적인 명품이 탄생하게 됩니다.

그러다 급기야 판소리는 고종이나 대원군 같은 최상층까지 즐기는 명품이 되었습니다. 대원군이 판소리 마니아였다는 것은 잘 알려진 사실입니다.

그런가 하면 고종도 판소리를 너무 좋아해 명창의 소리를 전화기로 들었다는 일화는 아주 유명합니다. 조선 말에 나온 예술품들은 이렇게 상층과 기층이 모두 좋아했는데, 판소리의 경우는 조금 특이한 사례라 하겠습니다. 판소리처럼 사회의 최하층부터 최상층까지 모두 좋아한 예술 장르는 없기 때문입니다.

이렇게 모든 계층이 좋아하는 예술품은 자연히 명품이 될 수밖에 없습니다. 그랬기에 판소리가 유네스코 세계무형유산에도 등재될 수 있었던 것입니다.

이렇게 상층 문화와 기층 문화가 만나서 잘 섞이면 좋은 문화가 나오는데, 이 두 문화 가운데 한 계층의 문화만 우세하면 창조적인 문화가 생성되지 않는 것처럼 보입니다. 특히 기층 문화가 어떤 상황에 처하는가에 따라 영향을 많이 받는 것 같습니다.

앞에서 이미 언급했지만, 기층의 자유로운 문화 즉 제가 말하는 대충이즘 문화가 상층의 격조 있는 문화와 잘 융합하면 판소리처럼 매우 수준이 높은 문화가 발생합니다. 그래서 매우 한국적이면서도 세계적인 명품이 나오게 됩니다.

그런데 그렇지 않고 기층의 자유분방한 에너지만 있고, 상층의 규범적인 문화가 부재하면 그때에는 그다지 창조적인 문화를 만들어내지 못합니다. 우리는 이것을 분리해서 보려고 하는데 먼저 두 계층의 문화가 잘 혼용된 사례부터 보기로 합니다.

대충이즘과 달항아리

우리가 먼저 보려고 하는 것은 그릇인데, 잘 알려진 것처럼 조선의 대표적인 그릇은 백자입니다.

조선은 수많은 명품 백자를 만들어냈지만, 그중에 압권은 단연 달항아리라고 할 수 있습니다. 그 비균제적인(asymmetrical) 모습과 은은한 백색, 그리고 수준 높은 디자인은 많은 한국인을 매료시켰습니다.

특히 그 좌우가 조금 일그러진 것 같은 모습은 보는 이의 감탄을 자아냅니다. 이 그릇은 좌우대칭을 정확하게 구현하는 다른 그릇의 완벽미를 살짝 허묾으로써, 미와 추의 대립 관계마저 넘어선 것처럼 보입니다.

내 생각에, 이 달항아리가 바로 기품 있는 상층 문화와 자유분방한 기층 문화가 섞여서 명품으로 탄생한 대표적인 예일 것 같습니다.

이 사정을 알려면 고려청자를 보면 됩니다.

특히 국보나 보물로 지정된 명품 청자를 봅시다. 고려청자에는 수많은 종류가 있지만 그 가운데 달항아리처럼 좌우가 일그러진 그릇은 하나도 없습니다. 이것은 청자가 상층 문화에만 머물렀기 때문입니다.

당시 고려의 상층민들이 그릇을 생각할 때, 달항아리처럼 파격적인 이미지를 가진 그릇은 그들의 뇌리에 아예 존재하지도 않았을 것입니다. 그들은 그릇이라는 것은 청자처럼 좌우대칭을 지키면서 기품 있고 규범적이어야 한다고 생각했을 것입니다. 이것은 조선 초나 중엽까지 있었던 백자도 사정은 마찬가지였습니다.

17세기에 달항아리가 서서히 나타날 때까지, 조선백자는 좌우대칭을 이루면서 매우 규범적인 모습을 갖고 있었습니다. 따라서 달항아리처럼 교묘하게 일그러진 그릇은 찾기 힘들었습니다.

그러던 것이 상층과 기층이 섞이면서 서서히 상층 문화에 기층의 자유분방한 문화가 침투하기 시작했습니다. 그런 끝에 백자의 모습이 자유롭게 변형되어 달항아리처럼 절세의 모습이 나타난 것입니다.

그런데 이 그릇은 그동안 극소수의 일본인들을 제외하고, 한국인들만 좋아했습니다. 소수의 일본인을 제외한 외국인들은 이런 그릇이 존재한다는 것조차 몰랐습니다. 그러나 현대 한국인들은 달랐습니다. 그들은 자신도 모르게 이 그릇을 좋아했습니다.

그런 그들에게 '당신은 왜 이 그릇을 좋아하느냐'고 물으면 대답을 하지 못했습니다. 그냥 감정적으로 끌린다고 할 뿐, 이에 대해 적절한 설명을 하지 못했습니다.

이러한 사정은 국립중앙박물관의 도자실에 가면 알 수 있습니다. 그곳에는 청자실과 분청자실, 그리고 백자실이 있는데 여러 도자기들을 둘러본 한국인들은 마지막에 이 달항아리 앞에서 발길을 머무는 경우가 많습니다.

　그릇에 대해 잘 모르는 한국인들도 이상스럽게 이 그릇 앞에 가면 한동안 쳐다보게 됩니다. 설명할 수 없는 야릇한 매력에 끌리는 것입니다.

　이 그릇에 비해 고려청자는 말할 수 없이 화려하고 다양해서 한국인들을 사로잡을 것 같은데, 결국 한국인들은 이 아무 문양 없는 단순한 그릇에 끌리고 마는 것입니다. 물론 한국인들은 고려청자도 많이 좋아합니다. 그러나 그릇 앞에서 머무는 시간을 계산해보면, 이 달항아리 앞에서 머무는 시간이 다른 그릇을 대할 때보다 길기 때문에 이렇게 말할 수 있는 것입니다.

　그러나 이것은 한국인에게만 해당하는 것이고, 외국인들 특히 서양인들은 이 백자에 대해 그다지 관심을 보이지 않았습니다. 그럴 수밖에 없는 것이 그들은 그동안 완벽한 일본의 그릇이나 중국의 그릇에 익숙해 있었기 때문에, 달항아리 같은 작품은 매우 생경하게 느꼈을 것입니다. 이 두 나라의 그릇이 갖고 있는 미의 관점에서 보면 달항아리는 만들다 만 것과 같고 좌우대칭도 이루지 못한 덜 떨어진 그릇처럼 보일 수 있습니다.

　서양인들의 뇌리에는 달항아리처럼 좌우가 비균제적으로 불일치를 이루는 그릇의 이미지가 아예 없었을 것입니다. 그들이 생각하는 그릇은 일본이나 중국의 그릇처럼 좌우가 대칭을 이루면서 반듯해야 했습니다.

　조선 그릇이 지닌 이런 미학을 알아본 외국인은 일본인이 처음이었습니다. 일본에서 최고의 도예가나 비평가들 가운데에는 달항아리 같은 조선 그릇의 진가를 아는 사람들이 소수지만 있었습니다. 그들은 이 그릇을 보고 직감적으로 느꼈을 것입니다. 이런 그릇은 일본인들은 만들 수 없다는 사실을 말입니다.

누누이 이야기했지만, 일본 공예품들은 완벽하기 짝이 없습니다. 모든 것이 대칭이고 각을 이루고 있으며 정확하게 맞아떨어집니다. 이러한 사정은 앞에서 조선 목가구를 다룰 때 이미 언급했습니다.

추측건대, 일본 도예가들은 자신들이 만든 그릇을 최고라고 여겼겠지만, 그 가운데에는 그 완벽한 미에서 나오는 긴장감 혹은 답답함을 느끼는 사람도 있었을 것입니다. 일본의 도예가들이 만든 그릇은 바늘 하나 들어갈 데가 없을 것처럼 완벽해서 숨이 막히는 것 같은 느낌이 있습니다.

그러다 이런 사람들 가운데 몇몇이 조선의 그릇을 대하자 깜짝 놀라고 말았습니다. 조선의 그릇은 좌우 비대칭으로 되어 있어 불량품이 아닌가 하는 생각도 들었지만, 그 전체적인 모습은 엄청난 기품을 자랑하니 하치의 예술품으로 볼 수 없었습니다. 그래서 그들은 이 그릇에 보고 놀라고 만 것입니다. 인간이 만들었지만, 그것을 넘어서는 어떤 것을 느꼈기 때문입니다.

그래서 그들은 이 같은 조선의 그릇을 묘사할 수 있는 용어를 찾기 시작했습니다. 그런 끝에 그들이 만들어낸 용어가 '무기교의 기교'나 '무계획의 계획', '무심'이니 하는 것이었습니다.

조선의 그릇이 이런 정신에 따라 만들어졌다는 것인데, 이 용어들이 신묘하기 짝이 없습니다. 모순되는 두 개념을 같이 붙여 놓았으니 말입니다. 즉, 생각 없이 만든 것 같지만 거기에는 고도의 생각이 깔려 있고, 기교를 부리지 않고 대충 만든 것 같지만 엄청난 기교가 있다고 하는 것이 그것입니다.

또 그들이 보기에 조선 그릇은 도공이 무심의 경지에서 생각 없이 만든 것처럼 보였던 모양입니다. 다시 말해 조선의 도공은 좋은 그릇을 만들어 후세에 남기겠다느니, 혹은 내 이름을 널리 알리겠다느니 하는 유위적인 마음을 갖지 않고, 무심의 상태로 그릇을 만들었다는 것입니다. 이것은 미학 개념을 말할 때 더 이상이 없는 극찬이 아닐까 합니다.

그런데 서양인이나 중국인들은 이 조선의 미학을 이해하지 못했습니다. 사정이 그러하니 중국인들은 당연히 조선의 백자에 대해 관심을 갖지 않았습니다. 그들은 고려청자는 그렇게 좋아했건만, 조선백자는 엉성하게 만든 것이라 생각한 나머지 흥취를 갖지 않았습니다.

구성의 완벽함과 칼 같은 좌우대칭을 추구하고 화려함의 극치를 보이는 자신들의 그릇만 보다가, 이 달항아리를 보면 중국인들은 '도대체 이런 것도 그릇이라 할 수 있을까?' 하는 생각을 하지 않았을까요?

그들이 보기에 이 달항아리는 밋밋하기 짝이 없고, 아무 문양도 없이 '희멀건' 단색으로 이루어졌을 뿐만 아니라, 생김새도 찌그러져 있었으니 그런 생각이 들지 않을 수 없었을 것입니다.

사정은 서양인들도 비슷했습니다. 그들은 일본 도예품은 매우 좋아했습니다. 왜냐하면 서양 도예품은 인위적인 것 일색으로 만들어졌는데, 일본 것은 인위적인 것 위에 자연적인 것이 덧입혀져 있었기 때문이었습니다. 물론 일본 예술품의 자연성은 인간이 주조해낸 것이지만, 그래도 서양인이 보기에 이 자연성은 대단히 뛰어난 것이었습니다. 그들의 눈에 자신들의 예술품에는 인위나 작위만 있는데, 일본 도예품에는 인위와 자연이 오묘하게 섞여 있는 것 같아 이 것에 반해버린 것입니다.

그에 비교해볼 때 한국의 도예품은 너무 거칠었습니다. 인위적인 것이 부족하고 자연 쪽으로 지나치게 가까이 간 것으로 보였기 때문에 관심이 미치지 못했습니다.

달항아리처럼 그릇이 좌우가 일그러져 있고, 겉면에는 아무 문양도 없는 그릇의 이미지는 서양인들의 뇌리에는 아예 존재하지 않았을 것입니다.

서양인들이 조선의 백자에 대해서 그다지 반응을 보이지 않은 것은 당연한 일이었을 것입니다.

달항아리와 모나리자

 그러다 최근에 이 같은 서양인의 태도에 변화가 생기고 있다는 것을 감지할 수 있는 사건이 있었습니다.

 도자기 전문가가 아닌 서양인이 달항아리의 진가를 알았다는 소식을 접했기 때문입니다.

 나는 이 소식을 처음 들었을 때 깜짝 놀랐습니다. 드디어 서양인이 조선백자의 숨은 진가를 알아차렸다는 것인데, 그 주인공은 세계적인 문명비평가로 알려져 있는 프랑스의 기 소르망이었습니다.

 기 소르망은 그동안 한국 문화에 대해 꽤 많은 관심을 갖고 여러 차례 발설한 적이 있는데, 그는 프랑스를 대표하는 지식인의 한 사람이니 그 파급력은 적지 않을 겁니다.

 이런 사람이 2015년에 느닷없이 달항아리를 칭송하기 시작했습니다. 그런데 그의 찬탄이 심상치 않습니다. 그는 이 그릇이 '어떤 문명에서도 찾아볼 수 없는 한국만의 미적·기술적 결정체'라고 주장했습니다.

 내가 듣기에, 사실 이것은 찬탄이기보다는 객관적인 묘사에 가깝습니다. 객관적인 사실을 설명하고 있기 때문입니다. 이것은 제가 앞에서 설명한 것과 일치합니다. 즉 이 그릇은 한국인 외에는 만들 수 없는 그릇이라고 진단한 것 말입니다.

그러더니 이 사람은 한 걸음 더 나아갑니다. 한국인들은 왜 이 달항아리를 가지고 한국의 브랜드 이미지로 삼지 않느냐고 힐난하는 것이었습니다. 이 그릇이야말로 한국 문화를 상징하는 심벌과 같은 것인데, 왜 활용하지 않느냐는 것입니다. 그의 이야기는 예서 그치지 않았습니다. 한 국가의 문화적 이미지는 경제에 막대한 영향을 미치는데, 왜 한국은 그 일을 하지 않느냐고 다그쳤습니다.

그러나 우리들은 한국 정부가 그동안 국가 이미지를 만들려고 꽤 고심했다는 사실을 알고 있습니다. 사정이 그러한데도, 그의 눈에는 한국인들의 노력이 영 마뜩잖았던 모양입니다.

그의 눈에는 한국인들이 그동안 한국의 국가 이미지로 내세웠던 '조용한 아침의 나라'니 '다이나믹 코리아' 같은 문구가 함량 미달로 보였던 모양입니다.

그런 끝에 그는 더 이상 이런 별 볼 일 없는 국가 이미지 사이에서 오락가락하지 말고 달항아리를 활용하라고 강력하게 주문했습니다. 그러다가 그는 이와 관련해 믿을 수 없는 주장을 했습니다.

즉, '달항아리는 미적 가치 면에서 모나리자에 필적한다'는 것입니다. 나는 이 이야기를 접하고 내 귀를 의심했습니다. 한국의 항아리 하나가 세계 최고의 예술품인 모나리자와 동급에 있다고 하니 말입니다.

이것을 그의 개인적인 견해로만 치부하고 무시하면 아무 일도 아닐 수 있습니다. 그러나 그는 서양 최고의 지식인 가운데 한 사람 아닙니까? 그런 사람이 주장한 것을 그냥 허투루 듣는 것은 온당치 못하다는 생각입니다.

이 대목에서, 같은 프랑스 지식인 가운데 한 사람으로서 한국 예술품에 대해 극찬을 했던 사람이 생각납니다. 프랑스의 문호이자 문화부 장관을 지냈던 앙드레 말로입니다. 그가 일본 경도에 있는 법륭사에 소장되어 있는 '구다라 칸논[百濟 觀音]상', 즉 '백제 관음'상을 두고 한 말이 기억납니다.

그가 일본에 갔을 때 기자들이 그에게 이렇게 물었습니다. 즉 '일본이 바다 속으로 가라앉게 되었다고 하자. 이때 당신에게 하나의 물품만 가져갈 수 있는 기회가 주어진다면 당신은 무엇을 가져가겠는가'라고 말입니다. 이때 그는 주저 없이 '이 백제 관음'상이 그 주인공이 될 것이라고 대답했다고 합니다.

그는 그 불상이 일본 것인 줄 알고 그런 말을 했겠지만, 그것은 엄연히 백제 것입니다. 어떻든 같은 프랑스 지식인인데 한 사람은 조선의 그릇에 반하고, 또 다른 사람은 백제의 불상에 반한 것이 재미있습니다.

그런데 기 소르망과 한국의 국가 이미지라는 주제와 관계해서 더 재미있는 사실이 있습니다.

이것은 확실하게 밝혀진 것은 아닌데, 기 소르망은 이전에 한국의 상징으로 한국 불상 하나를 선정했다고 합니다.

이 주인공은 이전 식으로 하면 국보 83호인 (미륵)반가사유상으로, 기 소르망은 이 불상에 완전히 반했던 모양입니다(요즘은 이 불상의 이름에서 미륵을 빼고 그냥 반가사유상이라고 합니다).

그는 에펠탑이 프랑스의 상징으로 쓰일 수 있듯이, 이 불상이 같은 일을 할 수 있다고 실토했다고 합니다. 만일 이 이야기가 사실이라면 우리는 여기서 아주 유의미한 사실을 발견할 수 있습니다.

왜냐하면 기 소르망과 같은 대표적인 서양의 지식인이 처음에는 한국의 고유한 미를 모르고 있다가, 시간이 꽤 흐른 뒤에 한국적인 미에 눈을 떴기 때문입니다.

기 소르망도 처음에는 달항아리의 미학에 대해 전혀 눈치채지 못하고 있었습니다. 그래서 미륵반가사유상 같은 보편적인 미를 가진 작품을 좋아했습니다. 그런데 이런 불상은 동북아시아 삼국(한국, 일본, 중국)에서 보편적으로 발견되는 것입니다. 또 인도의 불상과도 많은 연관성이 있습니다. 다시 말해 이 불상은 한국의 고유한 미보다는 보편적인 미를 보여준다고 하겠습니다.

기 소르망 이전에 서양 지식인들은 이 단계, 즉 한국 예술품이 갖고 있는 보편미를 인정하는 수준까지는 와 있었던 것 같습니다. 그러나 그것을 넘어서 한국에서만 발견되는 고유미는 알지 못했습니다. 그 이유에 대해서는 앞에서 이미 밝혔습니다. 그러나 이제는 상황이 서서히 달라질 것 같습니다.

한국적인 고유미가 세상에 더 알려질 것이라는 확신이 서는 것입니다. 기 소르망과 같은 서양의 대표적인 지식인이 이것을 알아차리기 시작했으니, 이런 인식이 널리 퍼질 것으로 기대됩니다. 처음이 힘들지 일단 물꼬를 트면 그다음부터는 자연스럽게 선구자가 가졌던 견해가 퍼져서 많은 사람들이 공감하기 때문입니다.

한국의 국가 이미지에 대한 논의가 나와서 한마디 더 보태면, 국가 이미지는 그 이미지를 소유하고 있는 국가를 문화적으로 알리는 데에 활용하는 것으로 그 효능이 그치는 것이 아닙니다. 기 소르망도 지적했듯이, 국가 이미지는 특히 경제적인 관점에서 볼 때 매우 중요한 요소라고 할 수 있습니다.

그 이유는 간단합니다. 한 나라의 국가 이미지가 잘 정립되어 있어야 그 국가가 만든 제품이 잘 팔리기 때문입니다. 예를 들어, 우리가 독일의 자동차를 믿고 사는 것은 독일에 대한 국가 이미지가 매우 건실하게 형성되어 있기 때문입니다.

그런데 한국은 이 국가 이미지가 아직도 제대로 서지 않았습니다. 그 결과 한국이 자국의 제품을 수출할 때 제값을 받지 못하고 있다는 사실은 꽤 알려져 있습니다. 이전보다는 형편이 많이 나아졌다고는 하지만 아직도 많이 부족합니다.

그동안 대부분의 국가들은 국가 이미지를 창출하는 데에 큰 노력을 기울였습니다. 한국도 같은 작업을 했지만 그리 성공하지 못했습니다. 기껏 나온 게 앞에서 말한 '다이나믹 코리아' 같은 것인데 이 같은 거친 구호나 이미지는 문화가 높은 서양에는 통하지 않습니다. 그래서 기 소르망이 그것을 질타한 것입니다.

나도 국가 이미지에 관해 관심이 높아 책도 쓰곤 했는데, 기 소르망의 주장처럼 달항아리를 활용할 생각은 하지 못했습니다. 이유는 간단했습니다. 이 그릇은 너무 한국적이라 세계인에게 통하지 않을 수 있다고 생각한 것입니다.

그러나 기 소르망의 이야기를 들어보니, 그것은 기우에 불과한 것이었습니다. 나를 포함한 한국인은 아직도 자신의 문화에서 어떤 것이 대단한 것인지 확실하게 모르는 것 같습니다.

이 달항아리와 관련해서 웃지 못할 '해프닝'이 하나 있어 마지막으로 이 이야기를 해야겠습니다. 이 그릇을 2018년에 열린 평창 동계올림픽 때 성화대로 썼다는 것이 그 해프닝의 전모입니다. 나는 이 현장을 목격하고 한동안 망연자실했습니다.

이것은 너무나도 격을 무시한 처사로 보였기 때문입니다. 한국인들이 이 그릇이 대단한 그릇이라는 것은 알아챘기 때문에 올림픽 같은 국제 행사에 활용한 것까지는 좋습니다.

그런데 이 그릇을 성화대로 쓴 것은 어불성설 아닙니까? 이 그릇에는 물이나 술을 넣어 사용했는데, 그런 그릇을 불을 담는 그릇으로 썼다니, 이게 코미디가 아니면 무엇이 코미디이겠습니까?

이 그릇은 불을 끄는 물을 담아 놓는 것이니, 성화대 이미지와는 완전히 반대되는 것입니다. 쉽게 말해 물통에다가 불을 담았으니 그 심산이 아주 잘못된 것이라 하겠습니다.

한국인들이 이 같은 어이없는 일을 한 것은 아직도 전통적인 예술품에 대해 확실한 이해를 하지 못해서 일어난 일인데, 이런 예는 김포공항 국제선 3층 출국장에서도 발견됩니다. 외국으로 가는 비행기를 타려고 출국장에 당도하면 달항아리를 대형으로 만들어 놓은 것을 발견할 수 있습니다.

이 그릇은 그 높이와 너비가 약 10m에 달하니 엄청나게 크게 만

172
173

든 것을 알 수 있습니다. 이 그릇에 미디어 아트를 적용해 새로운 조형물을 만들었다고 하는데 문제는 그 크기입니다.

달항아리는 원래의 크기(높이가 약 40cm)였을 때가 가장 아름답습니다. 그런데 이렇게 크게 만들어 놓으면 달항아리의 소박성이나 단순성이 사라지고 맙니다.

또 달항아리 특유의 비균제성도 제대로 드러나지 않습니다. 대신 이 그릇 조형물은 그로테스크한 비대칭의 찌그러진 그릇으로 보일 공산이 큽니다. 이런 것들을 모두 고려하고 이 같은 상징을 만들었어야 하는데, 이번 사례 역시 한국 전통 예술에 대한 무지가 빚은 소치라 하겠습니다.

대충이즘과 막사발

그릇에 대해 말이 나온 김에 백자와는 다른 그릇을 하나 더 보았으면 좋겠습니다.

이 그릇 역시 규범적인 상층 문화와 자유분방한 기층 문화가 혼합되어 만들어진 것인데, 상층 문화보다는 기층 문화의 영향이 더 강했던 것 같습니다. 그만큼 파격적인 그릇입니다. 이 그릇은 보통 '막사발'이라는 이름으로 불리는데, 이제는 꽤 알려져 있어 많은 설명이 필요하지 않을 것입니다.

이 그릇은 17세기에 만들어졌는데 일본에서 찻잔으로 엄청난 인기를 끌어 생산량의 대부분이 일본으로 수출되었습니다. 그 때문에 본고장인 한국에서는 이 그릇을 찾기가 힘들었고, 그에 따른 영향으로 정확한 용도를 알지 못합니다.

한국에는 이 그릇이 없으니 어디에 쓰였는지를 잘 모르는 것입니다. 국내에는 이 그릇이 거의 남아 있지 않아, 한국인들은 이 그릇에 대해 망각하고 있었는데, 이 그릇의 미학을 가장 먼저 알아챈 것은 일본인이었습니다.

일본인들이 보기에 이 그릇은 인간이 아니라 자연이 만든 것 같았습니다. 왜냐하면 이 그릇은 터치가 매우 거칠고, 전체적인 구성이 자유분방해, 인간이 인위적으로 만든 것 같은 느낌이 들지 않았기 때문입니다.

　그러나 이 그릇은 나름의 규범은 갖추고 있었습니다. 자유분방하게 만들어졌지만 그렇다고 마구 만들었다는 느낌은 들지 않았다는 뜻입니다.

　막사발 가운데 가장 훌륭한 것은 일본 경도에 있는 대덕사(大德寺)라는 절에 있습니다. 이 그릇은 일본에서 국보로 지정될 정도로 그 작품성을 인정받고 있습니다. 일본에서 이런 그릇의 인기는 상상을 절할 정도였습니다.

　어떤 도공은 '일생에 이런 그릇을 하나라도 만들면 여한이 없겠다'고 했는가 하면, 또 어떤 사람은 '이 그릇을 한 번만 만져보는 것이 일생의 소원이다'라고 했답니다.

　또 어떤 사람은 '누가 이 그릇을 성 하나와 바꾸자 해도 응하지 않겠다'고 했다고 합니다. 당시 에도시대의 성이면 규모가 대단할 터인데, 그 성을 줘도 이 작은 그릇과 바꾸지 않겠다고 했으니, 도대체 이 그릇의 어떤 면이 일본인들을 열광하게 만들었는지 의아합니다.

　이 그릇은 한마디로 자연스러움이 절정에 도달한 예술품이라고 할 수 있습니다. 분명 인간이 만들었지만 자유분방한 자연스러움이 철철 넘칩니다.

　이 그릇을 만드는 과정은 대강 이랬을 것입니다. 흙으로 그릇의 모습을 대충 만든 다음 불로 굽는데, 그때 어떤 일이 생겨도 그냥 내버려 둡니다. 굽는 과정에서 금이 가도 괜찮고, 불기운 때문에 옆이 터져도 상관하지 않습니다. 흠뻑 바른 유약이 흘러내려 굳으면 그것도 그냥 놓아둡니다. 도공은 이 그릇을 아름답게 보이려고 하는 생각 없이 만들었습니다. 그래서 무심으로 만들었다고 합니다.

이처럼 아무 생각 없이 만든 것처럼 보이지만, 도공의 무의식에는 나름의 의도가 있었을 것입니다. 도공은 그것을 의식하지 않았을 뿐입니다. 이것을 '무심의 유심(mindless mind)'이라고나 할까요?

또 기교를 부리지 않은 것 같지만, 무의식의 마음에는 최고의 기교에 대한 생각이 있었습니다. 그러나 도공은 무심의 상태에서 이 그릇을 만들었기 때문에, 이 기교를 자기도 모르게 발휘한 것입니다. 이런 심산에 따라 이 그릇이 만들어졌기 때문에, 이 그릇을 만든 원리가 '무계획의 계획(schemeless scheme)'이라고 하고 무기교의 기교(artless art)'라고 하는 것입니다.

이런 사정이 있어 제가 앞에서 이 그릇은 대충이즘이 수준 높게 구현된 것이라고 한 것입니다.

이런 그릇이 탄생할 수 있게 된 배경을 대강 보면, 상층 문화와 기층 문화가 만나는 일이 발생하고, 그런 사회적 분위기에 힘입어 도공은 규범이 잘 갖춰진 상층 문화를 접했을 것이고, 그 문화가 가진 예술 정신을 자기 것으로 만들 수 있었습니다.

그와 함께 상층이 좋아하고 즐기는 도자기를 만드는 법도 깨우쳤을 것입니다. 그런 일을 겪은 다음, 그는 이런 것을 다 잊고 무심의 상태에서 그릇을 만들었을 것입니다. 그 결과 중의 하나가 이 막사발인 것입니다. 상층의 규범적 문화와 기층의 자유분방한 문화가

기가 막히게 섞여 이런 명품 도자기가 나온 것입니다.

막사발의 미학을 처음으로 알아차린 일본인

.

그런데 재미있는 것은, 이 그릇의 진가를 알아본 사람은 일본인 뿐이었다는 것입니다. 이 그릇을 만든 한국인들도 이 그릇의 미학을 알아차리지 못했습니다. 일본인 학자들이 이 그릇의 미학을 들고나오기 전까지, 한국인들은 이 그릇의 미학은커녕 이런 그릇이 있는지도 몰랐습니다.

설혹 한국인들이 이 그릇을 옆에 두고 있었을지라도 이 그릇이 너무도 익숙하고 친숙한 모습을 띠고 있어 대단한 명품이라고 생각하지 않았을 것입니다.

한국인의 입장에서 이런 그릇은 일상에서 쉽게 만날 수 있는 그릇으로 보이니, 특별한 미학을 눈치채지 못했을 것입니다. 적절한 비유가 될는지 모르지만, 다이아몬드가 포함된 원석이 지척에 깔려 있는 환경에 사는 아프리카 원주민이 다이아몬드가 얼마나 비싼 보석인지 몰랐던 것과 비슷할 것 같습니다.

그러면 일본인들은 왜 그렇게 이 그릇에 열광했을까요? 지금까지 제 강의를 들은 여러분은 아마 그 대답을 어느 정도 예측할 수 있겠지요? 일본의 전통 예술품들은 인위 그 자체라 할 수 있을 정도로 사람의 손이 많이 갑니다. 그래서 앞에서 말한 것처럼 일본의 장인들은 모든 것을 인간의 손으로 마무리하지 않으면, 직성이 풀리지 않는다고 했습니다.

그런데 막사발은 달랐습니다. 이 그릇처럼 대충 그릇의 형태를 만들고 유약을 발라 불에 넣은 다음, 인간이 더 이상 손을 안 대는 방식으로 그릇을 만드는 것은 그들의 머리로는 생각할 수 없는 일이었을 것입니다. 일본의 장인들은 그릇에 어떤 흠결도 남지 않게 인공의 손길을 가해 마지막까지 마무리를 잘해야 그릇이 완성된다고 생각했으니 말입니다.

일본적인 미학에서는 이 그릇처럼 그릇을 만들다 만 것 같이 보이게끔 적절할 때에 도공이 손을 놔버리는 일은 하지 못합니다. 그러니 그들은 이 그릇을 보고 곧 자신들이 만들 수 있는 그릇이 아니라는 것을 알아차린 것입니다.

조선 도공이 보인 무심함, 고도의 대충이즘, 자유분방함은 그들이 결코 따라 할 수 없는 경지였던 것입니다. 그래서 그들은 조선의 막사발을 보고 화들짝 놀라 이 그릇을 숭앙하기까지 한 것입니다.

또 재미있는 것은 과문한 탓인지 모르지만 아직도 서양에는 이 그릇의 진가를 알아차린 전문가가 없는 것 같습니다. 달항아리 같은 그릇은 그래도 근자에 들어와 서양인도 그 미학을 알아차리기 시작했는데, 이 막사발은 아직 그런 소식이 들리지 않습니다.

여기서 거론하지는 않았지만, 한국의 자기 가운데 막사발과 비슷한 운명을 지닌 그릇이 또 하나 있습니다. 가장 한국적인 그릇 가운데 하나로 알려진 분청자가 그것인데, 이 분청자의 미학도 뒤늦게 일본 학자들에 의해 유럽에 알려져 극소수의 유럽 학자가 분청자의 미학에 눈을 뜨게 됩니다.

이렇게 한국의 전통 예술품들은 세계적으로 인정받는 데에 시간이 걸립니다.

사안이 그렇게 된 이유는, 조선 예술이 갖고 있는 규범과 무규범을 뛰어넘는 고도의 대충이즘 때문으로 생각되는데, 서양인들이 이것을 체득하는 데에 얼마나 많은 시간이 걸릴지 지금으로서는 예상할 수 없습니다.

낮은 수준의 대충이즘

그런데 한국인들이 지니고 있는 이 대충이즘이 이렇게 수준 높은 상태로만 전개되는 것은 아닙니다. 특히 한 시대를 관통하는 이른바 '시대 정신'이 부재할 때는, 이 대충이즘이 낮은 수준으로 떨어지는 경우가 허다합니다.

이런 수준 낮은 대충이즘이 횡행하게 되면 창조성이 현저하게 떨어져 수준 높은 문화의 발현은 기대하기 힘들어집니다. 사회가 이렇게 흘러가면, 그저 에너지의 광적인 발산이나 의미 없는 확산만 있게 될 뿐, 새로운 문화의 출현은 기대할 수 없습니다.

이런 경향은 현대에 들어와 특히 심해졌는데, 이것은 현재 한국에 수준 높은 시대 정신이 형성되어 있지 않아 생기는 현상일 것입니다.

앞에서 예를 든 달항아리나 막사발과 같은 그릇은 당시 조선에 성리학이라는 상층의 사상이 확실하게 자리를 잡고 있었기 때문에 만들어질 수 있는 예술품이었습니다. 즉 상층이 지닌 성리학과 같은 규범적인 정신이 기층의 자유분방한 정신과 섞이면서 이런 세계적인 수준의 명품이 나온 것입니다.

그에 비해 한국은 지금 이른바 상층 문화에서 이 같은 수준 높은 시대 정신을 발견하기 힘듭니다. 한국인들의 세계관에는 정제되어 있고 수준 높은 사상이 자리 잡고 있지 않습니다.

이 말이 여러분에게 다소 추상적으로 들릴 수 있겠는데, 여러분의 이해를 돕기 위해 간단한 예를 하나만 들어봅니다.

조선의 양반들이 자신들의 세계관으로서 견지하고 있던 성리학을 떠올리면 됩니다. 성리학은 세계 1급의 사상은 아니지만, 나름대로 매우 정교한 사유 체제라고 할 수 있습니다. 특히 성리학의 간판 이론처럼 되어 있는 이기론(理氣論)은 나름대로 탁월한 이론입니다.

조선의 양반들은 이런 이론을 가지고 그들 수준에 걸맞은 철학적인 논쟁을 했고, 깊은 사고를 했습니다. 이런 조선의 양반에 비해 현대 한국의 지식인들은 성리학과 같은 정련된 철학 체제나 높은 이론을 갖고 있지 못합니다.

이것은 현대 한국에 시대 정신이 부재, 혹은 부족하기 때문에 생기는 현상입니다. 이러한 상황이니 현대 한국의 예술인들이 세계적인 수준의 예술품을 만들지 못하는 것은 당연한 일 아닌가 하는 생각이 듭니다.

현대 한국인들이 이런 상황에 있으니 수준 있는 예술품이 태동하지 않을 뿐만 아니라, 종교나 철학 분야에서도 높은 수준의 사상이 형성되지 않습니다.

나는 이 같은 현상의 대표적인 예로, 한국의 개신교를 듭니다. 한국의 개신교도들을 보면 그들이 뿜어내는 열기 하나는 전 세계에서 견줄 만한 민족이 없을 것이라는 생각이 듭니다. 앞에서 본 것처럼 그들이 교회에서 열광적으로 행하는 찬송과 기도는 가히 병적인 수준입니다.

그러다가 개인적인 통성기도로 가면 그 엄청난 에너지의 발현은 광인의 그것과 비슷합니다. 그런데 거기까지입니다. 그렇게 맹렬하게 기도하고 소리 지르고 나면, 그것으로 끝이고 예배를 마치면 다 잊어버립니다. 그러니까 에너지만 엄청나게 발산하고 마는 것입니다. 그렇게 발산한 뒤에 그 에너지가 창조적으로 활용되어 새로운 문화를 만들어냈다는 소리는 들어보지 못했습니다.

한국 개신교도들은 그저 에너지를 한쪽으로 강하게 몰아넣어 망아경에 들어가면 됐지, 그 이후에 대해서는 아무것도 생각하지 않는 것입니다. 사정이 이러하니 한국 개신교에는 나름의 훌륭한 개신교 문화가 없습니다. 그저 큰 교회 짓고 그 안에서 소원 성취해달라고 기도하는 것을 권장하는 문화밖에 없습니다.

한국 개신교 문화가 빈약하다는 데에는 여러 증좌를 제시할 수 있지만 시간상 대표적인 하나만 들어봅니다.

개신교 교회 건축이 그것입니다. 지금 한국에 있는 개신교 교회 건물 가운데 기독교의 고매한 영성을 수준 높게 표현하는 그런 교회 건물이 거의 없습니다. 만일 한국 개신교에 시대 정신이 살아 있다면, 교회 건축이 이렇게 엉망일 수 없습니다. 개신교의 시대 정신이 없으니 교회 건물이 수준 이하가 된 것입니다. 정신이 '맹탕'이니 집도 '맹탕'인 것입니다.

같은 논리는 한국의 신학계에도 적용됩니다. 한국 개신교 역사가 이렇게 오래되고, 신자나 교회가 이렇게 많으면 거기에 걸맞은 수준 높은 신학이 나와야 합니다. 한국이 아니면 나올 수 없는 새로운 신학이 나와야 한다는 것입니다. 그런데 현재 한국 신학계에는 그럴 기미가 전혀 보이지 않습니다. 아니 신학계가 제대로 활동하고 있는가가 의문이 들 정도로 조용합니다.

그러나 이전에는 달랐습니다. 1960~1970년대에는 한국 신학계에 활기가 넘쳤고, 새로운 신학에 대한 갈망이 대단했습니다. 또 실제로 한국적인 신학이 태동할 뻔한 적도 있었습니다. 이에 대한 자세한 이야기는 다소 전문적이라 더 이상 하지 않겠지만, 그때에는 훌륭한 신학자가 많았다는 것 정도만 언급합니다.

그에 비해 지금은 그 같은 창조적인 신학자가 잘 보이지 않습니다. 아니, 제가 보기에는 그런 신학자가 없습니다. 이것은 모두 현대 한국의 개신교에 시대 정신이 부재하기 때문에 생긴 현상입니다.

물론 이런 모습은 개신교에서만 발견되는 것은 아닙니다. 한국의 모든 종교들이 다 그런 상태에 있는데, 이 예들을 다 볼 수는 없고 여러분의 이해를 돕기 위해 한 예만 더 들어봅시다.

한국의 무교에 대한 것인데 여기에도 같은 상황이 벌어지고 있습니다. 한국에 무당이 수십만 명이 되고 무당집을 찾는 사람이 수천, 수만 명이 되지만 새로운 무교 문화가 형성되고 있다는 소리는 들어본 적이 없습니다. 무교를 추종하는 한국인들은 다른 데에는 일절 관심이 없습니다. 그저 큰돈 들여 굿을 해서 소원 성취만 하면 됩니다.

이것은 무당들도 마찬가지입니다. 무당들은 자신만이 갖고 있는 신비한 능력, 즉 신령과 통해서 망아경 속으로 들어가는 능력을 돈 버는 데에만 활용하지 그 이상의 일은 하지 않습니다. 무당 가운데 시대에 맞는 새로운 샤머니즘 문화를 만들자고 주장한 사람을 본 적이 없습니다.

또 그들 중에 사회 문제에 관심을 가질 뿐만 아니라 소신을 가지고 사회 문화를 해결하기 위해 행동에 나서는 사람도 만나 본 적이 없습니다. 그들은 철저하게 개인의 구복적인 데에만 관심을 가질 뿐입니다.

그래서 무당들에게 상담을 받으면 그들은 걸핏하면 굿을 하자고 합니다. 그것은 굿을 하는 게 수입이 제일 좋기 때문입니다(그렇다고 무당이 굿을 통해 많은 돈을 가져가는 것도 아닙니다). 그들이 아는 것은 굿뿐입니다.

그런데 이 굿이라는 것도 그렇습니다. 이전에 비해 당최 변한 게 하나도 없습니다. 조선 말에 하던 것과 대동소이합니다. 아니 조선 말뿐만 아니라 고려 때 하던 굿과도 다른 점이 별로 없습니다. 지금 시대가 이렇게 바뀌었으면, 무당들도 바뀐 세상에 부응해 새로운 굿을 갖고 나와야 하는데 그런 변화가 보이지 않습니다.

그러니 그 내용도 달라진 게 없습니다. 굿에는 인간의 일차적인 욕망만 있고, 그것을 넘어서는 새로운 철학이나 문화에 대한 갈망이 없습니다. 굿이 끝나면 다 잊어버립니다.

무당들의 이러한 태도는 대 신령(한울님)과 접하면서 망아경을 체험한 동학의 최수운과 너무도 다릅니다. 물론 무당과 최수운을 어떻게 같은 차원에 놓고 비교를 하느냐는 비판이 있을 수 있지만, 무당의 체험과 최수운의 체험은 본질적으로 같은 것이기 때문에 비교가 가능합니다.

최수운은 망아경의 체험을 한 후 파격적으로 새로운 종교 사상을 만들어냈습니다. 물론 그는 종교적 천재이기 때문에 이런 일이 가능했을 테지만, 무당들은 이런 일을 흉내조차 내지 않고 있습니다. 아니, 한국의 무당들은 이런 일을 꿈도 못 꾸고 있을 것입니다. 그들의 뇌리에는 문화나 사회와 같은, 개인보다 상위에 속하는 개념이 존재하지 않습니다.

제가 무당들에게 너무 많은 것을 바라는 것인지 모르지만, 제 소견으로 무당들의 수준이 이렇게 저하된 것은 상층의 수준 높은 시대 정신이 없어서 생긴 현상으로 보입니다. 그러니 개신교 신자든 무교 신도든 그들은 그저 자신의 잇속만 챙기는 것입니다.

낭비되고 있는 한국인의 신끼

위에서는 종교 현장에서 한국인의 신끼가 남용되고 있는 모습을 보았지만, 이번에는 한국인의 일상에서 비슷한 모습이 어떻게 나타나고 있는지 보았으면 합니다.

한국인의 일상을 보면, 기운은 넘쳐나는 것 같은데 거기에는 엄청난 에너지의 발산만 있을 뿐, 그것이 수렴되어 새로운 창조로 이어지지는 않습니다. 그래서 안타깝고 아쉽습니다.

제일 대표적인 게 한국의 음주가무 문화입니다. 한국인들이 술을 좋아하고 많이 마신다는 것은 너무도 잘 알려진 사실이라 다시 설명할 필요가 없습니다. 이것은 전 세계에서 가장 많이 팔리는 술이 한국의 대표 소주인 '참이슬'이라는 사실 하나만 상기하면 되겠습니다.

문제는 노래입니다. 한국인의 노래 사랑은 대단한 것입니다. 시와 때, 그리고 장소를 가리지 않고 노래를 해대니 말입니다. 2021년 즈음해서는 역병 때문에 노래방 출입이 많이 사그라들었지만, 한국인의 노래방 사랑은 모르는 사람이 없습니다. 저녁때 1차에서 소주에 고기 구워 먹고, 2차에서 맥주 마시고 나면, 3차로 노래방을 찍어야 그날 모임이 끝나니 말입니다.

한국인들이 이렇게 노래방을 자주 찾으니 노래방 숫자가 계속 늘

어나, 국토 전역을 노래방으로 도배하지 않았습니까? 그래서 한국인은 노래방 기계가 발명되기만 기다린 민족이라는 이야기마저 있는 것입니다.

한국인들이 노래방에서 노는 모습을 본 외국인들은 고개를 절레절레 흔듭니다. 한국인들이 거의 발악을 하면서 노래를 하기 때문입니다. 신끼의 대폭발 현장입니다.

이 노래 문화와 관련해서 제일 재미있는 현상이 관광버스 노래문화입니다. 관광버스 안에서 노래하고 춤추는 것 말입니다. 한국인들은 이 문화에 아주 익숙해 있어 그다지 신기하게 생각하지 않지만, 외국인들은 이 모습을 정말로 재미있게 생각합니다. 한국인들이 얼마나 노래하고 춤추는 것을 좋아하면, 달리는 버스 안에서 가무를 하느냐고 말입니다.

더 재미있는 것은 여기에서 파생된 춤이 있다는 것입니다. 일명 '관광버스 춤'이 그것입니다. 이것은 관광버스 안에서만 할 수 있는 동작을 하면서 추는 춤을 말합니다. 달리는 버스 안에서 춤추는 것은 물론 불법입니다. 춤을 추다 걸리면 버스 기사는 엄청난 벌금을 물어야 하고, 춤을 춘 사람도 딱지를 떼입니다. 아니, 버스 안에 노래방 기계를 설치하는 것도 불법이라, 경찰에게 걸리면 수십만 원의 벌금이 나온다고 합니다.

그런데 이 기계가 없는 관광버스는 거의 보지 못했습니다. 관광버스를 이용하는 한국인들이 버스 안에서 반주에 맞추어 노래하기를 너무도 원하니 기사들도 어쩔 수 없이 불법을 저지르는 것입니다.

또 기사들 입장에서는 버스에 노래방 기계가 있어야 팁이 훨씬 더 많이 나오니, 손님들의 청을 마다할 수 없었을 것입니다.

이 이외에도 한국인들의 노래 사랑 정신은 일상의 곳곳에서 발견됩니다. 사실 외국인들이 한국인의 관광버스 노래 문화보다 더 신기해하는 것이 있습니다. 관광버스 노래 문화는 그래도 놀러 갈 때 즐기는 것이니 이해할 수 있습니다.

그런데 가무와는 전혀 관계가 없는 곳에서 한국인들이 노래하고 춤을 추니 외국인들이 아주 기이하게 느끼는 것입니다.

그 현장은 바로 선거 유세 현장입니다. 이 점에 대해서는 앞에서 간략하게 다루었습니다. 선거 유세란 후보가 자신의 공약을 발표하고 어떤 정치를 펼치겠다고 알리기 위해 하는 것입니다. 그래서 말을 많이 해야 하는데, 한국에서는 말은 뒷전이고 우선 노래하고 춤부터 추고 봅니다.

대통령 선거와 같은 때는 로고송이라는 것을 만들어, 유세 차량에서 그것을 계속해서 틀어줍니다. 한국에서는 이런 일이 흔하디흔하게 일어나지만, 서양의 선진국에서는 거의 일어나지 않는 일입니다. 한국인들은 그만큼 이성적인 것보다는 감성적인 것을 선호합니다. 한국인들은 항상 그들의 감성을 먼저 자극해야 움직이지, 이성적으로 합리적인 언사로는 그들의 주의를 끌지 못합니다.

이처럼 한국인에게는 감성적인 에너지가 넘치기 때문에, 그들의 언행에는, 무조건 한쪽으로 향하는 쏠림 현상이 강하게 나타난다고 했습니다. 앞에서 나는 그 대표적인 예로 떼창을 들었는데, 문제가 되는 것은 이게 새로운 문화를 창조하지 못하고, 에너지의 발산에만 그친다는 데에 있습니다.

그런데 이런 현상을 보여주는 또 다른 좋은 예가 있어, 그것 하나만 소개하고 다음으로 넘어가야겠습니다.

2020년경부터 불었던 트로트 열풍이 그것입니다. 한 종편 방송국에서 시작한 트로트 경선 프로그램은 그야말로 트로트 음악의 대폭발을 가져왔습니다. 이 프로그램이 TV에 방영된다고 했을 때, 대부분의 한국인들은 트로트를 한물간 노래로 생각해 그 흥행에 대해 그다지 기대하지 않았습니다.

그러나 일단 이 프로그램이 시작하자 전 국민의 뜨거운 호응이 잇달았습니다. 이것은 이 프로그램(⟨미스터트롯⟩이나 ⟨미스트롯⟩ 등)의 시청률을 보면 쉽게 알 수 있습니다.

이 같은 노래 프로그램으로는 높은 시청률을 기대하기 힘든데, 이 프로그램들은 경이롭게 30%를 넘는 시청률을 보였습니다. 이 같은 트로트의 열풍을 감지한 다른 방송사가 이처럼 좋은 기회를 놓칠 리 없었습니다. 그래서 그들은 유사 프로그램을 만들어내 TV 방송에는 트로트 프로그램이 홍수를 이루었습니다. 이 열풍은 세간에 많이 알려져 있으니, 더 이상 거론할 필요를 느끼지 못합니다.

제가 여기서 문제 삼고 싶은 것은 이런 현상에는 에너지의 열광적인 발산만 있을 뿐, 새로운 문화의 창조로 이어질 기미가 보이지 않는다는 것입니다. 각 방송사에서 꾸미는 트로트 경선의 무대는 화려하기 짝이 없는데, '쑈'가 끝나고 나면 남는 게 없습니다.

예를 들어, 트로트 문화가 업데이트되어 21세기에 맞는 새로운 트로트 가요가 만들어진다거나, 트로트라는 노래가 한국인만 즐기는 것이 아니라, 세계인들도 즐길 수 있는 노래로 업그레이드된다거나 하는 것과 같은 진일보한 모습이 보이지 않습니다.

그 대신 감정을 쥐어짜는 감성팔이만 있을 뿐입니다. 말초적인 감각을 즐길 뿐이고, 그것을 이성적인 영역으로 끌어올려 버전업시킬 생각은 하지 못하고 있는 것입니다.

대중음악은 그때그때 즐기면 그만이지, 굳이 새로운 음악의 탄생을 기대할 필요가 있느냐고 반문하는 사람이 있을 수 있겠습니다. 그러나 대중문화라고 해서 그냥 즐기는 것으로만 끝나는 것이 아닙니다. 대중문화도 얼마든지 탁월한 창조력을 보여줄 수 있습니다. 여러분의 이해를 돕기 위해 예를 하나 들어봅니다.

19세기 말에 한국의 대중음악계에는 새로운 음악이 나오게 되는데 기악곡 중에 대표적인 것으로 산조 음악을 들 수 있습니다. 가야금 산조니 대금 산조니 하는 음악이 그것입니다. 이 산조 음악은 가장 한국적이면서 동시에 세계적이기도 합니다.

지금은 이 음악이 고전음악처럼 취급되지만, 당시에는 기층민들이 즐기던 대중음악이었다고 할 수 있습니다. 이것을 만든 사람이 기층의 악사이고 이 음악을 즐긴 사람 역시 기층민이었기 때문입니다.

산조는 시나위 합주 음악에서 독주 형태로 발전한 것인데, 당시 악사들은 시대에 맞는 새로운 음악을 만들려고 나름의 노력을 기울입니다. 그런 노력이 쌓이자 전국적으로 훌륭한 산조곡들이 탄생하기 시작했습니다. 이전과는 확연히 다른 명품의 음악이 만들어진 것입니다. 이 음악은 지금까지 계속해서 연주되고 있고, 이제는 고전음악의 반열에 놓이게 되었습니다.

19세기 말에 이렇게 훌륭한 음악이 만들어질 수 있었던 것은 당시에 시대정신이 살아 있었기 때문입니다. 다시 말해 상층의 규범적인 문화가 존재했기 때문에, 이런 고품격의 음악이 나왔을 것이라는 것입니다.

이에 비해 현대 한국의 트로트 문화계를 보면, 같은 일이 일어날 것 같지 않습니다. 이 트로트 문화를 갱신(更新)할 수 있는 수준 높은 문화 혹은 정신이 유입되지 않기 때문입니다.

한국 사회에 수준 높은 문화나 시대 정신이 부재하니, 이런 일이 일어날 수밖에 없는 것입니다. 이 같은 면이 안타까운데, 또 세태가 어떻게 바뀔지 모르니 앞으로의 추세를 관망할 뿐입니다.

지금까지 한국인의 신끼와 그것이 발현되는 모습에 대해 자세하게 보았습니다. 그 결과 우리는 한국인이 지닌 신끼에서 파생하는 성향 혹은 태도 가운데 대표적인 것으로 다음과 같은 것을 볼 수 있었습니다.

전체적인 것에만 신경을 쓰고 세세한 것을 무시하는 대충이즘적인 정신이나 에너지의 과격한 쏠림 현상, (음주)가무 사랑정신, 이성보다는 감성을 중시하는 태도, 개성의 강조 등이 그것입니다. 그리고 바로 이런 정신이나 태도에 힘입어 한국인들은 한류라는 세계적인 문화 현상을 창출했다고 했습니다.

이 강연의 앞부분에서 중점적으로 다룬 BTS 현상도, 이 신끼로 그 큰 틀은 설명할 수 있었습니다. BTS를 탄생시킨 요소는 많이 있지만, 핵심 인자는 뭐니뭐니 해도 한국인들의 열정 넘치는 가무 사랑 정신이라 할 수 있습니다. 이 점에 대해서는 앞에서 충분히 설명했다고 봅니다. 그런데 이 한류 현상, 그중에서도 BTS 같은 아이돌 그룹에 대해 다룰 때 반드시 나오는 질문이 있습니다.

BTS의 칼군무와 살풀이춤

한국 아이돌 그룹이 추는 춤은 세계적으로 유명한데, 그렇게 된 데에는 이들이 추는 이른바 '칼군무'의 역할이 큽니다. 한국 아이돌 그룹의 단원들이 일사불란하게 추는 춤을 보고 전 세계 사람들이 감탄합니다. 이들이 이렇게 추기 위해 얼마나 많은 노력을 들였는지는 잘 알려져 있습니다.

이것이 가능하게 된 요인 가운데 가장 중요한 것은 아이돌들이 집단 합숙을 하면서 연일 계속되는 훈련을 다년간 했다는 데에서 찾을 수 있을 것입니다. 이렇게 멤버들이 집단 합숙을 하고 같이 오랫동안 훈련할 수 있는 것은 한국 사회에 집단주의 문화가 발달했기 때문입니다. 한국인들은 개인으로 움직이는 것보다 집단으로 움직이는 데에 길들어져 있어, 그런 장기간의 집단 합숙 문화를 견뎌낼 수 있습니다.

이에 비해 개인주의 문화가 고도로 발달한 서구나 일본에서는 이런 일이 힘듭니다. 개인주의 문화권에서는 집단의 이익보다 개인의 이익이 중시되기 때문에, 개인이 억압되는 훈련을 할 수 없습니다. 이 주제는 대단히 재미있는 것이라 얼마든지 설명을 이어갈 수 있지만, 이 자리는 그것을 자세하게 보자는 자리가 아니니 그냥 넘어가기로 합니다.

그들의 춤(그리고 노래)은
세계 최고가 됐으니
더 이상 올라갈 곳이 없습니다.
그러니 이 단계에서
그들이 한국인이라는 속성을 살려,
한국적인 가무 정신 혹은
예술 정신을 그들의 춤에 접목한다면
차원이 완전히 다른 가무 문화가
탄생할지도 모르는 일입니다.

우리의 주제와 관계해서 한국인의 기본 성향을 아는 사람들이 BTS를 포함한 한국 아이돌 그룹의 칼군무에 대해 던지는 질문에는 다음과 같은 것이 있습니다.

지금까지 제가 해온 설명에 따르면, 한국 전통 예술은 개성을 중시해서 남 따라 하는 것을 아주 싫어하고, 세부적인 것에 대해서는 무관심으로 일관하는 경향이 있다고 했습니다. 그래서 무엇이든 작고 세밀하게 하기보다는 크고 대충 하는 경향이 강하다고 했습니다.

그런데 한국 아이돌 그룹의 칼군무는 이것과는 완전히 반대의 성향을 갖고 있는 것 아닌가? 즉 그룹의 모든 구성원들이 춤 동작을 똑같이 하는 것을 지상의 목표로 하니, 개성이라는 것은 없는 것 아닌가 하는 의문을 표할 수 있을 것입니다.

또 이들이 행하는 동작들도 그렇습니다. 한국 전통 예술처럼 세부는 적당히 하고 크게 표현하는 것과는 거리가 멀기 때문입니다. 이들의 동작은 작은 부분까지 세밀하게 통일되어 있지 않은가? 이들은 모든 동작이 계산된 대로 정확히 움직이는 것을 가장 중요하게 생각하는데, 이것은 한국인들이 잠재적으로 갖고 있다는 대충이즘적인 성향과 배치되는 것 아닌가?

대체로 이런 질문을 합니다. 이에 대해 답하기 전에 우리가 지금 다루고 있는 주제가 춤이니만큼, 한국의 전통춤을 대략적이라도 알 필요가 있겠습니다. 그래야 양자를 비교하는 일이 가능하기 때문입니다.

이 주제와 관계해 우선 말할 수 있는 것은, 살풀이춤이나 승무 같은 전통춤의 원리는 앞에서 언급한 한국 예술의 일반적인 특성과 일치한다는 것입니다.

우선 개성을 강조하는 항목부터 봅시다.

한국 전통 예술, 특히 음악(그리고 춤) 분야에서는, 남 따라 하는 것을 극력 염오한다고 했습니다. 사진소리가 아니라 자기만의 소리가 나올 때까지 기량을 닦아야 한다고 했는데, 이것을 춤에 대입해 봅시다.

한국 아이돌 그룹은 모두 군무를 추지만 한국의 민속춤에는 군무라는 것 자체가 없습니다. 지금 예시한 살풀이춤이나 승무는 한국 민속춤을 대표하는 춤인데, 이런 춤에서 여럿이 합을 맞춰 춘다는 소리는 들어본 적이 없습니다.

이 춤들은 철저하게 혼자 추는 춤입니다. 그러니 개성이고 뭐고 따질 게 없습니다. 혼자 추는 것이니 모든 동작에서 개성이 드러나기 때문입니다. 그래서 같은 살풀이춤을 추더라도 추는 사람마다 다른 동작이 나올 수밖에 없습니다.

이런 시각에서 보면, 아이돌 그룹의 춤은 전통 예술에서는 꺼리는 '사진 동작'인 것을 알 수 있습니다.

그렇게 보면 한국 전통예술이 외려 더 창조적이라고 할 수 있지 않을까 싶습니다. 그러나 아이돌 그룹은 개인 동작은 창조적이지 않지만, 그룹 전체가 창조적인 동작을 하니 꼭 전통 예술만 창조적이라고 할 수만은 없겠다는 생각입니다.

한국의 전통춤이나 아이돌 그룹의 춤은 창조적인 면에서는 그리 다르지 않지만, 이 둘 사이에는 엄연히 큰 차이점이 있습니다. 그 차이점을 알기 위해 먼저 아이돌 그룹이 추는 춤에 관해 살펴봅시다.

　아이돌들이 칼군무를 추는 가장 큰 이유 중의 하나는 이 춤이 남에게 보여주기 위한 춤이라는 것입니다. 그것도 그냥 보여주는 것이 아니라, 좀 더 멋있고 인상에 남게 보여주려 하는 것이라 이들의 춤에는 아름답거나 각진 동작들이 많습니다.

　이들이 추는 칼군무는 수년 동안 하루에 많은 시간 연습한 끝에 완성한 것이라, 일반인들이 쉽게 따라 할 수 있는 동작이 아닙니다. 동작 자체의 난도도 높지만, 구성원 전체가 일호의 틀림도 없이 같은 동작을 하는 것은 매우 어려운 일이라, 보는 이로 하여금 탄성을 자아내게 만듭니다.

　그런데 여기서 간과하면 안 되는 것은 이들의 심리상태입니다. 이들은 어려운 동작을 동료들과 똑같게 하느라 자신의 내면에 관심을 기울일 여유가 전혀 없습니다. 그보다는 남에게 보일 외양에만 신경을 써야 합니다. 그리고 동작 하나라도 틀리면 안 되기 때문에, 신경은 온통 몸동작에만 가 있습니다. 이런 사정을 통해 우리는 이들이 추는 춤은 춤꾼의 내면을 표현하는 게 아니라, 전적으로 외부에 보여주기 위한 것이라는 것을 알 수 있습니다.

　이것은 서양 고전 춤의 대표 선수라 할 수 있는 발레의 그것과 똑같습니다. 발레 역시 외부에 보여주기 위한 춤이라 할 수 있습니다.

발레는 여러 개의 기본 춤동작을 연결하여, 아름답고 우아하게 보여주는 것을 목적으로 추는 춤입니다.

따라서 여기에서 가장 중요한 것은 발레를 추는 사람의 감정적인 표현이 아니라, 이미 짜여 있는 동작을 정확하고 아름답게 표현하는 것입니다. 또 자신이 가진 기량을 외부에 있는 청중들에게 자랑하는 것도 발레를 추는 춤꾼의 큰일이기도 합니다.

그 대표적인 예가 여성 발레리나가 한곳에서 계속해서 회전하는 춤입니다. 발레리나가 발레를 출 때 한 지점에서 중심을 잃지 않고 얼마나 많이 회전을 하는가는 그 사람의 기량을 보여주는 중요한 기예입니다.

중심을 완벽하게 잡은 동작으로 회전을 많이 할수록 그녀는 많은 박수를 받습니다. 그렇게 해야 탁월한 발레리나로 인정받는 것입니다. 이 같은 예에서 알 수 있듯이 발레에서는 자신의 기량을 외부에 우아하고 아름답게 보여주는 것을 가장 중요하게 생각합니다.

이 점에서 한국 전통춤은 맥을 완전히 달리합니다. 발레와 정반대의 입장이라고 해도 문제가 없을 정도로 다릅니다. 한국 전통 춤꾼들은 자신의 춤이 외부로 어떻게 보일까에 대해서는 그다지 신경을 쓰지 않습니다. 물론 그렇다고 춤동작을 마구 해도 된다는 것은 아닙니다. 기량이 충분히 닦인 다음에, 그다음 단계로 이런 생각을 갖는다는 것입니다.

한국 전통 춤꾼은 자신의 춤이 외부에 보이는 양상보다는 내면의 감정에 충실하고 그것을 표현하는 데에 공력을 집중했습니다. 그러니까 그의 춤은 다른 사람을 위한 것이 아니라, 자기 자신을 위한 것이라고 할 수 있습니다.

한국 춤은 여기서 끝나지 않습니다. 한국 춤의 가장 이상적인 경지는 춤꾼이 춤을 추다가 망아경에 빠지는 것입니다. 망아경에 빠지면 자신을 망각하게 되니, 자신이 춤춘다는 생각이 없어집니다. 그 대신 그는 흥에 겨워 몸이 이끄는 대로 춤을 추게 되고 그 결과 자신의 감흥을 있는 그대로 표출하게 됩니다.

여기서 다시금 망아경이 나오는데 이것은 한국의 무당이 망아경에 들어가 신의 말씀을 계시받는 것과 같은 맥락입니다. 다른 것이 있다면 무당은 사제이기 때문에 망아경을 통해 신의 말씀을 받지만, 춤꾼은 신과는 관계없이 자신의 내면에 잠재되어 있는 감성을 몸짓으로 표현합니다.

이에 비해 발레에는 이 같은 태도가 보이지 않습니다. 발레 무용수들은 아마도 복잡한 춤동작을 정확하고 아름답게 만들기 위해 온 신경을 집중하느라, 자신의 내면을 살필 여유가 없을 것입니다. 물론 그들도 춤을 추다 보면 망아경에 빠져 환희심을 맛볼 수도 있을 것입니다. 그러나 그때에도 그들은 이미 짜인 동작만 할 수 있지, 흥에 겨워 지금까지 한 번도 해본 적이 없는 동작을 할 수 있는 것은 아닙니다.

물론 여러 명이 춤을 출 때에는 어쩔 수 없이 똑같은 동작을 할 수밖에 없을 것입니다. 그러나 설혹 혼자 춤을 춘다 하더라도 발레리나는 자기 마음대로 춤을 출 수 없습니다. 이미 짜인 안무에서 어느 한 동작도 자기 마음대로 할 수 없습니다.

이에 비해 한국 춤꾼은 춤이 정확하게 짜여 있는 것이 아니기 때문에 망아경에 들어가면, 혹은 흥이 크게 오르면, 얼마든지 자기만의 몸짓을 할 수 있습니다. 자유분방한 춤을 출 수 있다는 것입니다. 한국 전통춤과 발레는 이렇게 다릅니다.

대충이즘 관점에서 본 전통춤과 BTS 춤의 차이

　다음으로 말하고 싶은 것은 한국 전통춤에서 보이는 대충이즘입니다. 한국 춤은 한국의 전통 예술답게 대충이즘 정신을 충실히 따르고 있습니다. 그런 까닭에 한국의 춤꾼은 춤을 출 때 동작을 크게 하되, 세세한 부분에는 별 신경을 쓰지 않습니다.

　그래서 살풀이춤 같은 춤은 손으로 추는 춤이 아니라 몸통으로 추는 춤이라는 말도 있습니다. 춤을 추는데 팔이나 다리로 추는 게 아니고 몸으로 춘다고 하니, 얼마나 크게 추는 춤인지 알 수 있겠습니다.

　살풀이춤 같은 한국 춤이 얼마나 세부적인 데에 무관심한지를 알 수 있는 좋은 방법이 있습니다. 한국 춤을 출 때 춤꾼은 다른 나라 춤과 마찬가지로 팔을 여러 가지 형태로 움직이는데, 이 동작에 독특한 점이 있습니다. 손목 이하의 손 동작에 대해서는 별 관심이 없다는 것입니다. 한국 춤꾼들은 춤을 출 때 팔만 흔들면 되지, 손을 어떤 방법으로 움직이는가에 대한 고려가 없는 듯합니다.

　그래서 이 춤을 처음 배우는 사람이 선생에게 '손은 어떻게 해야 하는가'라고 물으면 선생은 자신도 그런 것을 한 번도 생각해보지 않았다고 하면서 '그냥 되는 대로 해라' 아니면 '내가 춤출 때를 잘 보고 그대로 따라 해라' 하는 식으로 말하는 경우가 많습니다.

그러니까 한마디로 말해 '대강하면 된다'는 것입니다. 그들은 춤이라는 것은 팔과 몸으로 크게 추면 되는 것이지, 손동작에까지 신경 쓰면서 추는 것이 아니라고 생각하는 것입니다.

한국 춤꾼들이 이렇게 세부적인 데에 신경을 쓰지 않는 것은 한국 춤의 원리를 이해한다면 당연한 것이라고 할 것입니다. 앞에서 우리는 한국 춤에서 가장 중요한 요령을 망아경이라 했습니다. 춤꾼이 망아경 속에 들어가 자기의 내면에 쌓인 감정을 여과 없이 몸으로 표현하는 것이 가장 좋은 춤이 되는 방법이라고 했습니다.

이 원리를 그대로 적용해서 한국 춤을 분석해봅시다.

한국의 춤꾼이 훌륭한 동작을 통해 성공적으로 망아경에 들어갔다고 합시다. 망아경이란 말할 것도 없이 자기를 잊은 상태입니다. 그런 상태에 든 춤꾼은 자기도 의식하지 못하는 상태가 되는데 무슨 여유가 있어 손에 대해 신경을 쓰겠습니까? 그 상태에서 춤꾼은 자신의 손을 어떤 모습을 취하게 하고 어떻게 움직일까에 대해 아무 생각도 하지 않을 것입니다.

감흥이 가는 대로 그저 팔만 흔들어대지 손의 동작 같은 세부적인 데에는 관심을 가질 여유가 없다는 것입니다. 여유가 없다기보다 관심 자체가 생기지 않을 것이라는 게 더 정확한 표현일 것입니다.

이런 한국 춤과 상당히 다른 방식으로 추는 춤이 여럿 있는데 인도 춤도 그중의 하나입니다. 제가 인도 춤에 대해 전문적으로 알고 있는 것은 아니지만, 이 춤의 가장 큰 특징 중의 하나는 손동작입니다. 이것을 수인(手印)이라고 하는데, 불상에서 많이 보이는 손의 모습이 그것입니다.

수인은 손가락으로 다양한 모양을 만드는 것인데, 그 섬세함은 이루 말할 수가 없습니다. 손가락 끝까지 신경을 써서 원하는 모습을 정교하게 만들어야 하기 때문에 극히 섬세한 형태가 나옵니다.

그래서 인도 춤을 보면 손과 손가락이 매우 다양한 형태로 나타납니다. 이런 춤이 바로 세부적인 데에 극심한 주의를 기울여 추는 춤이라 할 수 있습니다. 인도 춤의 이러한 정신은 대충이즘과는 완전히 반대를 이룬다고 할 수 있습니다.

이러한 섬세함으로 따지면, BTS의 춤 동작도 그 수준이 결코 떨어지지 않습니다. 이들의 칼군무는 지극히 섬세한 동작이 아니면 나올 수 없습니다. 이 춤은 여럿이 추기 때문에 한 사람이라도 조금만 다른 동작을 보이면 금세 티가 납니다. 따라서 엄청난 훈련이 아니면 나올 수 없는 동작입니다.

이 점에서 BTS의 춤은 앞서 본 발레나 인도 춤과 맥을 같이한다고 볼 수 있습니다. 사정이 그렇게 된 데에 대해서는 이 춤들이 자신을 위해서 춘다기보다 다른 사람에게 보여주기 위해 추는 춤이기 때문입니다. 그런 면에서 BTS의 춤은 한국적인 춤이라 할 수 없을 것입니다.

이 시점에서 엉뚱한 제안을 하나 던지고 싶습니다.

춤의 정신으로 볼 때, 서양 춤이라고밖에 볼 수 없는 BTS의 춤에 한국적인 것을 덧입히면 어떨까 하는 것입니다.

지금 그들이 추는 춤은 동작의 통일성을 꾀하는 보편 춤이라 할 수 있습니다. 그런데 한국적인 춤의 정신이 무엇이라 했습니까? 어떻게 보이는가에 대한 관심보다는 개인의 감정에 충실하고 망아경을 이끌어내어 자신을 잊고 추는 춤이라고 하지 않았습니까?

그렇게 되니 세부적인 것은 다 잊고 자신의 무의식이 이끄는 대로 추게 된다고 했습니다. 제가 여기서 제안하는 것은 BTS가 그들의 춤에 이 같은 정신을 대입해 새로운 춤을 만들어보면 어떻겠느냐는 것입니다.

만일 BTS가 이런 춤을 출 수 있게 되면 누구도 넘볼 수 없는 경지에 올라갈 수 있을 것입니다. 아무도 모방할 수 없는 가장 한국적인 동작을 하게 될 터이니, 전 세계에서 유일한 춤이 되는 것입니다. 그렇게 되면 그들은 진정한 의미에서 독보적인 존재가 되어 지존의 자리에까지 올라갈 수 있을지 모릅니다. 그러나 이것은 그리 간단한 작업이 아닙니다. 이것은 예술적인 경지에 도전하는 일이기 때문입니다.

현재 BTS가 추는 춤은 상업적인 춤입니다. 그래서 그들은 남들에게 보여주기 위한 춤을 춥니다. 남들이 쉽사리 따라 할 수 없는 춤의 기예를 보여줌으로써 사람들로부터 상업적인 이득을 얻어내는 것입니다. 이런 상업적인 춤으로 예술적인 단계로까지 올라가는 것은 지극히 어려운 일입니다.

그들의 춤(그리고 노래)은 세계 최고가 됐으니 더 이상 올라갈 곳이 없습니다. 그러니 이 단계에서 그들이 한국인이라는 속성을 살려,

한국적인 가무 정신 혹은 예술 정신을 그들의 춤에 접목한다면 차원이 완전히 다른 가무 문화가 탄생할지도 모르는 일입니다.

지금까지 우리는 BTS 현상을 놓고 한국인이 지니고 있는 것으로 보이는 신끼의 관점에서 풀어보려고 했습니다. 그런데 그것만 가지고는 설명이 안 되는 것이 있습니다.

BTS 현상은 방탄소년들이 단독으로 만들어낸 것이 아닙니다. 그들이 세계적인 그룹이 되기까지는 기획사의 주도면밀한 기획력이 아니면 애당초 가능한 일이 아니었습니다. BTS의 소속사는 잘 알려진 것처럼 하이브(Hybe)인데 이 회사를 차린 방시혁은 혁신적인 사고와 물 샐 틈 없는 기획력으로 유명합니다. 이것은 쉽게 말해 뛰어난 브레인이 동원되어 BTS를 만들어냈다는 것을 뜻합니다.

사정이 이렇다면 방시혁이나 이 회사가 갖고 있는 뛰어난 브레인도 한국 문화의 관점에서 설명할 수 있을 것입니다. 한국 문화 안에 이러한 요소가 있었기 때문에 이들이 그것을 활용한 것이라는 것입니다.

만일 한국 문화 안에 신끼의 기운만 있었다면, 이렇게 높은 수준의 기획력을 보일 수 없었을 것입니다. 이것을 굳이 계층의 관점에서 본다면, 상층 문화라 할 수 있을 것입니다. 다음 강의에서는 이 문제에 대해 집중적으로 보려고 합니다.

2011년 세계적인 경영의 귀재인 워런 버핏이 한국에 와서 당시 대통령인 이명박을 만난 자리에서 이런 말을 남겼습니다. '한국은 성공할 수밖에 없는 나라다. 왜냐하면 브레인과 에너지가 있기 때문이다.'

이 말은 매우 단순하게 들리지만, 한국 문화의 잠재 가능성이나 한국인의 능력을 정확히 꿰뚫어 본 것입니다. 나는 이 말을 접하고 '확실히 경영의 귀재는 남다르구나' 하는 생각이 저절로 들 수밖에 없었습니다.

왜냐하면 그는 한국 문화나 한국인에 대해 정보가 많이 없을 텐데도, 한국 문화에 대한 대단한 통찰력을 보여주었기 때문입니다. 자신의 전공과 관계없는 주제에 대해 정확한 혜안을 갖고 있는 데에 놀람을 금할 길이 없었습니다. 게다가 내 의견과 똑같은 주장을 하고 있어 더 놀라웠습니다.

나는 벌써 수십 년 전부터, 한국 문화는 신끼(神氣)와 문끼(文氣)라는 두 기운으로 되어 있다고 주장했습니다. 여기서 신끼는 에너지를 뜻하고 문끼는 브레인을 뜻합니다. 그리고 나는 이 주제를 가지고 각각의 단행본도 냈습니다(『세계가 감탄한 한국의 신기』와 『세계가 높이 산 한국의 문기』).

나는 공부를 한참 하고 가까스로 이 두 원리를 추출했는데, 버핏은 잠깐 한국을 방문하곤 그 짧은 기간에 한국 문화를 구성하는 이 두 기운을 뽑아냈으니 그 실력이 실로 대단했습니다. 그래서 '세계적인 부자는 아무나 되는 게 아니구나. 저런 통찰력이 있어야 할 수 있는 것이구나'라는 생각이 강하게 들었습니다.

나는 이 주제에 대해 강의할 기회가 있으면, 청중들에게 꼭 다음과 같은 방식으로 물어봅니다. 버핏은 '한국은 ( )과 ( )가 넘치는 나라'라고 했는데 ( ) 안을 채워보라고 말입니다. 그러면 청중들은 곧 에너지를 뜻하는 '열정'이라는 대답은 곧잘 제시했습니다. 한국인도 자신들이 에너지가 넘치는 민족이라는 것을 아는 것입니다.

그런데 거기까지이고 그다음 대답은 나오지 않는 경우가 많았습니다. 즉 아무리 대답을 유도해도 청중들로부터 브레인을 뜻하는 머리나 두뇌와 같은 단어는 나오지 않았습니다.

그래서 마지막에 할 수 없이 제가 답을 가르쳐줍니다. '한국인들이 세계에서 IQ가 제일 높은 민족이라는 것을 모르냐'고 가볍게 힐난하기도 했습니다. 머리가 세계에서 제일 좋다는 민족이 왜 브레인이라는 대답을 제시하지 못하느냐고 말입니다. 버핏이 한국 문화의 핵심 요인으로 브레인을 꼽은 것은 대단히 정확한 진단이라 할 수 있습니다.

이유는 간단합니다. 한국이 선진국이 된 데에는 에너지(신끼)만 가지고서는 설명할 수 없기 때문입니다. 힘이 넘치더라도 그것을 통제하고 제대로 쓸 수 있게 방향을 제시해주는 지성이 없으면 그 에너지는 쓸모가 없게 됩니다. 그저 발산만 하고 끝나게 됩니다.

문끼라는 고급문화를 가진 한국

　여기서 브레인은 한국의 고급문화를 뜻한다고 보아야 할 것입니다. 상층의 문화를 의미한다는 것입니다. 한국인의 브레인이 뛰어난 것은 한국인에게는 고급문화가 있다는 것을 뜻합니다. 한국인들이 제가 던진 질문에서 브레인이라는 답을 맞히지 못한 것은 아마 자신들이 고급문화를 갖고 있다는 것을 제대로 알지 못하기 때문일 것입니다. 평소에 고급문화를 접해보지 못했으니, 선뜻 대답하지 못한 것일지도 모릅니다.

　이 같은 상황이 이해되지 않는 것은 아닙니다. 한국인들이 평소에 하는 행동거지를 보면 그 사정을 알 수 있습니다. 한국인들의 일상이 그렇지 않습니까? 책은 될 수 있는 대로 멀리하고, 음주가무는 가능한 한 가까이하는 것 말입니다. 한국인들이 책을 잘 안 읽는 것은 잘 알려진 사실입니다. 선진국에 들어선 나라의 국민치고 책을 너무 안 읽습니다.

　책을 가까이하지 않는 사람들에게는 문화가 없다고 해도 과언이 아닙니다. 책이란 문화의 총아 같은 것이라, 우리가 문화를 말할 때 책을 빼놓는다는 것은 상상할 수 없는 일입니다. 그런데 한국인들은 책을 잘 안 읽으니, 그들의 뇌리에는 고급문화에 대한 개념이 아예 부재한 것 같은 느낌을 받습니다.

그런데 여기서 한국인들이 간과하는 것이 있습니다. 자신들의 현재 처지가 그렇다고 해서, 조상들도 사정이 비슷할 것이라고 생각하는 것입니다. 그러니까 자신들에게 고급문화가 없으니 과거에도 고급문화가 없을 것이라고 생각한다는 것입니다. 그러나 이것은 큰 착각입니다. 한국은 과거에 어떤 나라 못지않게 수준 높은 고급문화를 갖고 있었습니다. 이것은 주로 인문과 관계된 것입니다.

이제부터 이에 대해 볼 것인데, 나는 이것을 통칭해서 '문끼'라고 불렀다고 했습니다.

여기서 말하는 문끼는 문자나, 활자, 역사 기록 등과 관계된 기운을 말하는데, 한국은 이 분야에서 과거에 다른 어느 나라보다도 앞서 나가는 나라였습니다. 그런데 지금은 안타깝게도 과거 수준에 미치지 못합니다.

그렇지만 과거에 워낙 뛰어난 인문학 전통을 지니고 있었기 때문에, 현대 한국에는 그것이 잠재적인 형태로나마 면면히 이어져 한국문화의 저류를 흐르고 있을 것으로 보입니다. 이 문화의 기운이 두드러지지 않고 잠재되어 있어서, 한국인들이 알아차리지 못하고 있을 뿐입니다.

이 대목에서 미국의 어떤 저명한 학자가 언급한 것을 살펴보아야하겠습니다. 이 주제에 대해 매우 적절한 말을 남겼기 때문입니다. 그는 『문명의 충돌』이라는 명저를 쓴 새뮤얼 헌팅턴이라는 학자로 『문화가 중요하다』라는 책의 서문에서 다음과 같이 적었습니다.

그는 우연한 기회에 한국과 아프리카의 가나라는 두 나라를 비교해보았다고 합니다. 왜냐면 이 두 나라의 처지가 같은 면도 있으면서 다른 면도 있어서 그랬다고 합니다. 애초 이 두 나라는 같은 수준의 가난한 나라로 출발했습니다. 그런데 결말은 너무도 달라서 그 이유가 궁금해졌다고 합니다. 이 두 나라는 1960년대 초에 1인당 국민소득이 100불도 안 되는 매우 가난한 나라였습니다. 그랬던 것이 1990년대로 가니 한국이 가나보다 국민소득이 15배나 높게 상승했습니다.

그러니까 가나는 여전히 후진국으로 남아 있는데 한국은 개발도상국이 된 것입니다. 헌팅턴은 왜 이런 결과가 나왔는지 진지하게 생각하다가, 종국에 한국은 가나와 이것이 다르다는 결론을 내리게 되었습니다. 이것은 바로 '문화'를 가리킵니다. 한국의 문화가 가나의 그것과 다르다는 것인데, 단도직입적으로 말해 한국의 문화가 우수하다는 것입니다.

지금부터 제가 보려는 것은 이 우수한 문화가 무엇이냐는 것입니다. 즉 한국은 어떤 우수한 문화를 갖고 있었길래 비약적인 발전이 가능했느냐는 것입니다. 이것을 볼 수 있는 방법이 많이 있지만 앞에서 말한 것처럼 나는 이것을 '문끼'라는 단어 하나로 축약했습니다. 한국은 과거에 인문학적으로 매우 뛰어난 나라였습니다. 그리고 BTS 현상도 이 문끼의 정신이 있어야 설명이 가능하다고 했습니다.

물론 한국인의 심성 저변에는 신끼가 깔려 있습니다. 신끼가 기본이라는 것입니다. 그러나 신끼만 있으면 정제된 맛이 없어 보편성을 갖기 힘들다고 했습니다. 여기에 문끼가 가미되면서, 지금과 같은 BTS 현상이 나타난 것입니다. 그런 면에서 BTS는 신끼와 문끼의 복합체, 혹은 신명성과 정밀성의 융합체라고 할 수 있을 것입니다.

대단한 세계기록유산을 보유한 한국

한국이 지닌 이 정밀한 문끼의 문화를 살펴보는 방법이 여럿 있겠지만, 제가 가장 좋아하는 방법은 유네스코에 등재된 한국의 세계기록유산을 검토하는 것입니다.

세계기록유산은 전 인류가 함께 보존해야 할 세계적인 서책이나 기록물들을 말합니다. 여기에 등재된 것은 그것을 소지한 국가를 넘어서, 전 인류의 보물로 간주되기 때문에 유네스코 같은 범국가 단체가 나서서 보호하고 있습니다.

여기에는 현재(2021년 11월) 한국의 기록유산이 16개가 등재되어 있습니다. 이 유산에 대해서는 제가 다른 책에서 많이 다루었기 때문에, 여기서는 그 가운데 독보적인 것 몇 개만 뽑아서 보려고 합니다. 그리고 다른 책의 설명과 차별을 두기 위해 자세한 설명은 과감히 생략하고, 이 유산들이 왜 뛰어난지에 대해 설명을 집중하려고 합니다.

제가 이 책에서 집중적으로 다루려고 하는 세계기록유산을 연대순으로 나열하면 『고려대장경』, 『직지심체요절』, 『훈민정음해례본』, 『조선왕조실록』인데, 이 네 유산은 한국의 문끼 정신 혹은 인문학 전통이 얼마나 유구하고 대단한지를 보여주는 유산이라 하겠습니다. 이 네 유산만 보아도 우리는 한국이 전 세계적으로 우뚝 솟은 문끼의 국가라는 것을 확연하게 알 수 있습니다.

이 네 유산은 워낙 세계적인 것이라 다른 유산을 더 보지 않아도 문제 될 게 없다는 생각입니다. 이런 유산은 하나만 가져도 엄청난 일인데, 한국은 이렇게 다량으로 갖고 있으니 대단한 국가인 것이 틀림없습니다.

그런데 잊지 말아야 할 것은, 한국은 질적으로도 엄청난 세계기록유산을 갖고 있지만, 양적으로도 세계 최상위권에 속한다는 것입니다. 나는 이 점에 대해서 기회가 있을 때마다 강조하곤 했는데, 이 유산을 보유하고 있는 한국인들은 의외로 이 사실을 실감하지 못하는 것 같았습니다.

한국이 현재 보유한 세계기록유산은 16개라고 했는데, 이 숫자보다 중요한 것은 순위입니다. 순위로 하면 한국은 전 세계적으로 4위인데, 아시아만 놓고 보면 부동의 1위입니다. 이 통계 자료는 한국이 과거에 얼마나 대단한 인문학적인 문화를 가지고 있었는가를 확실하게 보여주고 있습니다.

전 세계에는 현재 크고 작은 나라를 합하여 250여 개국이 있는데 이 가운데 4번째이니 한국은 상위 1~2% 안에 들어가는 것입니다. 이것은 엄청난 기록으로, 한국의 인문학은 그야말로 세계 톱 수준이었던 것입니다. 시쳇말로 한국은 과거에 아주 '공부 잘하는 국가'였다고 할 수 있을 것입니다.

여기서 또 놀라운 것은 한국이 아시아에서 1위라는 사실인데, 세계 4대 문명을 일으킨 국가 가운데 하나인 중국마저 제쳤다는 것은 실로 놀라운 일이 아닐 수 없습니다. 물론 중국은 한국보다 훨씬 많은 서책을 갖고 있었을 것입니다. 그런데 중국은 왕조가 바뀔 때마다 전쟁이 일어나, 그전 왕조와 관계된 것들은 대부분 불태워지기 일쑤였습니다. 그러니 전 왕조의 유물들은 남은 게 별로 없게 됩니다.

게다가 최근 100여 년간 중국은 전쟁과 공산주의 혁명, 그리고 이른바 문화혁명을 겪으면서 국가 전체가 전란과 대변혁에 휩싸여 불에 약한 서책들은 많이 유실될 수밖에 없었습니다.

이 같은 중국의 참상을 잘 말해주는 것으로 우리의 주제와 관계된 예가 있는데 중국의 불교 대장경이 그것입니다. 한국의 고려대장경은 나중에 자세하게 보겠지만, 한문으로 새겨진 대장경 가운데 가장 오래된 것입니다. 그런데 이 고려대장경은 중국 대장경을 저본으로 만든 것입니다. 쉽게 말해 고려대장경은 '송나라 대장경'이나 '거란대장경' 같은 중국 대장경을 '카피'했서 만들었다는 것입니다.

대장경을 편집하고 그것을 목판본으로 만드는 일은 대단히 정교한 작업이라 고려는 당시 세계 최고의 선진국이었던 중국의 학문과 기술을 차용하지 않을 수 없었을 것입니다. 고려대장경이 있기 전에 중국에는 방대한 대장경이 있었습니다.

그런데 이렇게 시대적으로 볼 때 고려대장경보다 앞선 대장경이 중국에 엄연하게 있었는데, 왜 우리 대장경이 가장 오래된 대장경이 되었을까요? 다시 말해 중국 대장경은 왜 하나도 남아 있지 않느냐는 것입니다.

답은 간단합니다. 고려대장경보다 이전에 있던 중국의 대장경은 모두 불타서 없어졌기 때문입니다. 왕조가 바뀔 때마다 다음 왕조를 세운 사람이 '사그리' 태워버린 것입니다. 중국은 사정이 이러했기 때문에 그 많은 서물들이 다 소멸되었습니다. 그 영향으로 중국은 세계기록유산 보유국 가운데 아시아 1위 자리를 한국에게 양보하게 된 것입니다.

그런데 한국이 이렇게 최고의 세계기록유산 보유국이 될 수 있었던 데에는 조선 왕조의 공이 컸습니다. 한국이 보유한 16개의 세계기록유산 가운데, 10개가 조선 것이기 때문입니다(훈민정음 해례본, 조선왕조실록, 승정원일기, 조선왕조의궤, 동의보감, 일성록, 조선왕실 어보와 어책, 난중일기, 조선통신사 기록물, 유교책판).

다른 나라의 경우를 보면 한 나라가 10개 이상의 세계기록유산을 보유한 경우가 흔하지 않은데, 한국은 전체 왕조가 아니라 조선이라는 일개 왕조가 10개나 되는 유산을 갖고 있는 것입니다. 이것은 조선이 매우 훌륭한 인문학적 전통을 지니고 있던 왕조였다는 것을 뜻합니다.

이런 관점에서 보면 조선은 전 세계에서 인문학을 가장 중시한 나라라고 할 수 있을 것입니다. 제가 여기서 자꾸 조선을 거론하는 이유는 이 왕조가 현대 한국과 직결되기 때문입니다.

조선과 현대 한국 사이에는 비록 일제식민기가 있었지만, 조선의 전통이 완전히 끊긴 것은 아니고, 어느 정도는 현대 한국으로 전승되었습니다. 그런 의미에서 조선의 훌륭한 인문학적인 전통은 현대 한국까지 전해지고 보존되어, 한국의 고급문화가 만들어지는 데 일정 부분 기여했을 것으로 보입니다.

물론 앞에서 말한 것처럼 현대 한국의 인문학적인 수준은 조선의 수준에 못 미치고 있지만 말입니다.

자국의 문화를 홍보하는 데 미숙한 한국

이제부터 앞에서 말한 한국의 문끼 정신이 발현된 서책에 대해서 보려 하는데 그전에 하고 싶은 말이 있습니다.

한국 정부는 왜 자국이 대단한 인문학적 전통을 갖고 있다는 사실을 전 세계에 널리 홍보하지 않느냐는 것입니다. 한국은 한류가 전 세계적인 인기를 얻기 전까지, 아시아 동쪽 끝에 있는 변방의 국가에 불과했습니다. 특히 서구에서는 한국의 존재에 대해 아예 무지한 상태였습니다. 한국을 생각하면 한국 전쟁 외에는 떠오르는 단어가 없을 정도로 한국은 존재감이 없는 나라였습니다.

이러한 상황은 한류의 성공 이후로 조금 바뀌기는 했지만, 이것은 대중문화의 차원에만 그치지, 인문학 같은 고급의 문화 차원에서 한국이 인정받은 것은 아닙니다.

다시 말해 한국은 BTS 같은 세계 최고 수준의 대중가요 가수들을 보유하고 있고, 〈오징어 게임〉이나 〈지옥〉 그리고 〈D.P〉 같은 오락적인 드라마를 잘 만드는 국가로만 알려져 있지 그 이상은 아니라는 것입니다.

과연 세계인 가운데, 한국이 세계에서 가장 뛰어나다고 할 수 있는 문자를 갖고 있고, 그 문자에 대한 모든 것을 기술한 고전(훈민정음해례본)을 보유하고 있다는 것을 아는 사람이 얼마나 될까요?

그뿐만 아니라 한국이 문화의 총아(寵兒)라 할 수 있는 금속활자를 인류 역사에서 최초로 발명한 국가이며, 그 활자로 인쇄한 책 중에 가장 오래된 책(『직지』)이 지금까지 남아 있다는 사실을 얼마나 알고 았을까요?

그뿐만이 아닙니다. 전 세계에 있는 불교 유물 가운데 그 유례를 찾아볼 길이 없는 대장경판을 8만여 장을 갖고 있다는 사실에 대해서도 대부분 알 턱이 없습니다. 그리고 그것이 근 800년 전에 만들어진 나무판이라는 경이적인 사실에 대해서도 아는 바가 전혀 없을 것입니다.

아직도 많은 외국인, 특히 서양인들은 한국은 문화적으로 볼 때 그다지 독특한 점을 갖고 있지 않다고 믿는 것 같습니다. 앞에서도 말했지만, 한국은 세계 4대 문명국 중 하나인 중국과 아시아에서 최고의 국가로 간주되던 일본 사이에 끼여 '패싱' 당하기 일쑤였습니다. 너무나도 대단한 두 나라가 바로 옆에 있으니 그 사이에 있는 한국은 관심을 받기가 어려웠습니다.

그래서 많은 외국인들은 한국 문화는 중국 문화나 일본 문화의 아류나 복사판 정도로만 이해했습니다. 그들이 그렇게 백안시했던 한국이 21세기에 들어서서 한류를 전 세계에 선사하자 한국을 보는 그들의 눈이 조금은 달라졌지만, 한국을 문화적인 선진국 즉 모든 학문의 근간인 인문학이 어떤 나라보다 발전했던 나라라는 것은 알아차리지 못하고 있습니다.

사정이 이렇게 된 것은 한국인들, 특히 정부가 적극적으로 이러한 사실을 해외에 제대로 홍보하지 않은 때문일 것입니다.

여러분의 이해를 돕기 위해 예를 하나 들어봅시다.

한국인들은 보통 자신들의 조상이 금속활자를 세계 최초로 만들었다고 믿고 있습니다. 그런데 외국인들, 특히 서양인들 가운데 이런 사실을 알고 있는 사람은 극소수에 불과합니다. 서구인들은 금속활자 같은 세계 최고의 문화물은 서구인인 구텐베르크가 발명했다고 굳게 믿고 있습니다.

그들은 설마 한국 같은 별 볼 일 없는 것 같은 나라에서 이 같은 엄청난 유산이 발명됐으리라고 생각하지 않는 것입니다. 사정이 이러한데도 한국인이나 한국 정부는 이 사실을 세계에 알리는 일을 거의 하지 않고 있습니다.

그런데 이와 관련해서 아주 재미있는 일이 하나 있었습니다.

수년 전에 한국의 어떤 민간단체가 자국에 대한 바른 정보를 알려주겠다고 하면서, 뉴욕의 타임스퀘어에 있는 전광판에 광고를 하나 올린 적이 있었습니다. 이 단체가 올린 것은 '독도는 한국 땅이다'라는 홍보 영상이었습니다.

나는 이 사건을 보고 '저런 태도가 바로 한국인들이 외국에 대해 갖는 태도다'라고 결론내렸습니다.

이게 무슨 말일까요? 한국인들이 외국을 대할 때 공연히 억울해하고, 강한 피해의식을 갖고 있다는 것입니다. 그러니 저렇게 외국인들이 하나도 관심을 갖지 않을 광고를 그 비싼 돈 들여서 하는 것이라고 생각했습니다.

이 같은 홍보 영상을 타임스퀘어에 올리는 것은 한 번만 생각해보면, 얼마나 무모한 일인지 알 수 있습니다. 타임스퀘어의 거리를 걷는 수많은 국적의 사람 중에 독도가 한국 땅인지 일본 땅인지 관심 있는 사람이 어디 있겠습니까?

이것은 흡사 한국인이 센카쿠 열도가 일본 섬인지 중국 섬인지에 대해 전혀 관심 없는 것과 같다고 하겠습니다. 이와 마찬가지로 비한국인들은 독도의 영유권 문제에 대해 아무런 관심이 없는 것은 당연한 일 아니겠습니까?

한국인들은 이렇듯 한국을 전 세계인에게 홍보할 수 있는 기회를 만들기는 했는데, 그 좋은 기회를 기껏 피해의식에 젖은 내수용의 광고를 해외에 내걸었습니다. 그래서 나는 그때 저런 것을 광고할 돈이 있으면 차라리 '한국은 금속활자를 세계 최초로 만든 나라다'와 같은 문구와 함께 직지를 내보여주었으면 어땠을까 하는 생각이 강하게 들었습니다.

이왕에 한국을 홍보할라치면 긍정적이면서 독보적인 것을 가지고 하자는 것입니다. 이런 홍보 영상을 내 건들 뉴욕을 걸어 다니는 다양한 나라의 사람들이 관심을 가지리라는 보장은 없지만 말입니다.

그즈음 미국에서 한국의 비빔밥을 소개하는 영상도 돌아다녔고, 한복의 아름다움을 보여주는 영상이 같은 타임스퀘어에 게시됐지만, 얼마나 큰 효과를 보았는지는 알려진 바가 없습니다.

2021년에는 한국관광공사가 민간단체와 같이 만든 〈범 내려온다〉라는 한국 홍보 영상이 전 세계적으로 크게 주목을 받은 적이 있었습니다. 하지만 이것은 관광에 국한된 것이라 제가 언급할 필요는 없겠습니다.

이처럼 지금까지 단발에 그친 홍보들은 꾸준하게 있는데 한국이 높은 인문 문화를 갖고 있는 나라라는 사실을 보여주는 광고는 없었습니다.

사정이 이렇게 된 이유 중에 가장 유력한 것은, 아마도 한국인들이 자국의 역사와 문화에 대해 갖는 무지, 혹은 수준 낮은 이해를 꼽아야 할 것입니다. 본인들이 잘 모르니, 해외에 소개하는 일이 '언감생심'인 것입니다.

이 같은 현실이 언제쯤 타개될지는 확실히 알 수 없지만, 그전에 반드시 해야 할 일은 한국의 인문학 전통에 대해 정확한 지식을 갖고 있어야 한다는 것입니다.

이 작업을 위해 이제부터 한국의 세계기록유산에 대해 살펴보기로 합시다.

제8강: 유례없는 보물 고려대장경

한국에는 세계적인 보물이 꽤 있는데, 그 유물 가운데에는 그것이 왜 그렇게 대단한 것인지 잘 알려지지 않은 게 많습니다.

우리가 이제 보는 고려대장경(이하 대장경)도 그런 것 가운데 하나입니다. 한국인들 가운데 대장경을 모르는 사람은 한 사람도 없을 것입니다. 그런데 안타깝게도 그들은 이 유산에 대해 정확한 정보를 갖고 있지 않습니다.

사정이 이렇게 된 것은 이에 대한 정보를 얻을 수 있는 통로나 기회가 없었기 때문입니다.

한국인들이 이 유산에 대해 정확한 정보를 얻을 수 있는 일반적인 방법은 학교에서 받는 교육입니다. 우리가 학교에서 배우는 교과목 가운데 이러한 정보를 줄 수 있는 것은 국사밖에 없습니다. 국사 교과서를 통해 이런 역사적인 사안에 대해 배우는 것입니다.

그런데 국사 교과서를 보면, 이 대단한 유물에 대한 설명이 너무 간략하게 되어 있습니다. 그저 거란이나 몽골 같은 외세에 대항해 항쟁하는 과정에서 대장경을 만들었다는 정도의 짤막한 설명밖에 없습니다. 사정이 이렇게 된 것은 이 교과서를 만든 역사 전공의 대학 교수들도 고려시대를 전공한 교수 빼고는, 대장경에 대해 아는 바가 충분하지 않기 때문일 것입니다.

그리고 이 교과서를 가지고 가르치는 역사 교사들도 사정은 마찬가지일 것입니다.

그들도 대장경에 대해서 세세하게는 알지 못합니다. 역사 교사들이 방대한 한국 역사 전체를 소상히 아는 것은 불가능한 일일 수 있습니다. 이 같은 상황이라 한국인들은 자신들이 보유하고 있는 세계적인 유산의 가치에 대해 제대로 배울 수 있는 기회를 갖지 못했습니다.

고려대장경을 한 줄로 표현하면?

대장경이 대단한 유물이라고는 하지만, 이것을 한 문장으로 요약해서 정의할 수 있습니다. 그런데 이 설명을 이해하려면 중국 불교와 대장경에 대한 기본적인 이해가 있어야 합니다. 그래야 고려대장경이 나온 배경을 알 수 있습니다.

이 역사에 대해 아주 간단하게 보면, 인도로부터 중국으로 불교가 들어온 다음, 산스크리트어로 쓰인 수많은 인도 경전과 관계 문헌들이 한문으로 번역되었습니다.

그리고 그것은 10세기 후반에 중국을 지배하고 있던 송나라 때 처음으로 경판으로 제작됩니다. 이처럼 경판으로 만든 이유는 불교 경전이 필요할 때 언제든지 인쇄하고 그것이 필요한 사람이나 기관에 유통하려는 데에 목적이 있었습니다.

고려에서는 이 같은 중국의 전통을 이어받아, 11세기 초반에 대장경을 만들었습니다. 중국에서 대장경이 만들어진 지 얼마 안 되어서 중국 것과 같은 것을 만들어낸 것입니다. 곧 보겠지만 이 경판을 만드는 작업은 매우 복잡하고 힘든 일인데, 이 작업을 이렇게 짧은 기간 안에 해낸 것은 당시 고려가 경제력은 물론 문화력이 얼마나 앞선 나라인지 알 수 있게 해줍니다.

고려가 당시 대장경을 만든 주목적은 고려를 침입해온 거란군을 붓다의 힘으로 막기 위함이었습니다. 이것은 주술적인 사고라고 할 수 있는데, 고려인들은 붓다의 가르침을 물질로 만든 경판을 가지고 있으면 붓다의 위력이 작용해 자신들을 공격한 외국의 군대를 물리칠 수 있을 것으로 믿은 것입니다. 이러한 믿음이 통했는지, 고려는 성공적으로 거란군을 물리칠 수 있었습니다.

그러나 더 문제가 됐던 것은 거란에 이어 만주에 큰 세력으로 자리 잡은 몽골군이었습니다. 이 몽골군은 후대에 '원'이라는 거대한 제국을 세우게 되는데, 이를 위해 고려 정복은 필수적인 것이었습니다. 그 결과 몽골군은 여러 차례 고려를 침범했는데, 안타깝게도 이전에 만들었던 대장경은 13세기 초에 몽골군에 의해 전소되고 말았습니다.

그 뒤에도 몽골군이 재차 침범하자 고려 정부는 대장경을 다시 만들기로 결정하고 곧 제작에 들어갑니다. 그 결과 13세기 중반에 대장경이 두 번째로 만들어지는데, 이것이 현재 해인사에 보관되어 있는 대장경입니다.

한국은 이렇게 해서 다시 절세의 보물을 갖게 되는데, 이 대장경을 앞에서 약속한 대로 한 줄로 표현하면 다음과 같습니다.

'한문으로 된 대장경판 가운데 가장 오래되고 제일 훌륭한 경판'이라는 것입니다.

이것을 한자로 표현하면 최고(最古)이면서 또 최고(最高), 즉 발음은 같지만 다른 뜻을 가진 두 개의 '최고'로 적을 수 있습니다. 이것을 영어로 하면 더 간단합니다. 영어로는 'oldest and best'라고 하면 되니까, 여러분은 이렇게 외우는 게 더 편할 겁니다.

그러면 먼저 왜 이 대장경이 가장 오래된 것이라고 하는 것일까요? 이에 대해서는 앞에서 이미 언급했으니 여러분도 이제는 대답을 할 수 있을 것입니다.

고려에서 만든 대장경판도 첫 번째 것은 불에 타서 없어졌듯이, 고려 것보다 먼저 만들어진 중국의 대장경판들은 모두 불에 타서 소실되었기 때문입니다.

이처럼 나무로 만든 대장경판의 운명은 매우 위태로운 것입니다. 그런데 놀랍게도 우리의 대장경은 근 800년의 세월을 버텨왔습니다. 그러나 우리 대장경도 평탄하게 전승된 것이 아니라, 많은 위기가 있었는데 그것은 조금 뒤에 보겠습니다.

그다음 특징으로 고려대장경이 best라고 했는데 이것은 어떤 의미일까요? 이에 대한 대답도 아주 간단합니다. 고려대장경은 너무나도 잘 만들었기 때문입니다. 고려대장경을 깊이 연구한 학자들에 따르면 고려는 중국 대장경을 '카피'하되 버전업해서 만들었기 때문에 중국 것보다 탁월한 대장경판을 만들 수 있었다고 합니다.

그런 까닭에 고려 이후에 불교대장경을 만드는 나라가 있으면, 반드시 고려대장경을 가져다 저본(底本)으로 삼았다고 합니다. 이런 일을 한 대표적인 나라가 일본입니다.

일본은 20세기 전반에 북방 불교와 남방 불교의 모든 경전을 정리합니다. 일본은 당시 제국(empire)을 선포하면서 제국의 면모를 갖추겠다는 원대한 목표 아래 동양 문화를 정리하고 집대성하기 시작합니다.

그래서 한자를 총정리하는 사전(『대한화사전(大漢和辭典)』)을 대대적으로 편찬하는 등 여러 작업을 행합니다. 한자 사전을 만드는 일은 중국이나 한국도 하지 못한 작업이었는데, 그것을 가장 후발주자인 일본이 해낸 것입니다.

불경 정리 작업은 그런 작업의 일환이었습니다. 불교는 동아시아의 보편적인 종교 사상이라 불교와 관계된 경전과 문헌을 정리하는 것은 동양을 대표하겠다는 제국 일본으로서는 당연히 가질 수 있는 포부라 하겠습니다.

북방 불교의 경전은 대부분 한문으로 된 것이었는데, 그 경전들을 제일 잘 정리해 놓은 것이 고려대장경이었습니다.

이 때문에 그들은 자연스럽게 고려대장경을 저본으로 삼고 불경을 총정리했는데, 그 결과는 『신수대장경(新修大藏經)』이라는 세계 최대 규모의 대장경이었습니다.

고려대장경은 무엇이 대단하다는 것일까?

―첫째, 보존의 측면에서―

앞에서 한 설명은 다소 전문적이니, 여러분이 더 궁금해할 수 있는 주제로 넘어가 보도록 하지요.

어떤 면에서 고려대장경이 전 인류가 극히 소중하게 생각해야 하는 유산인가에 대해서 보기로 합니다. 한국인들은 어릴 때부터 '팔만대장경'이라는 말을 많이 들어서 이 유산이 인류 역사상 유례가 없는 보물인 줄을 잘 모릅니다. 너무 익숙해서 감을 잃어버린 것입니다.

여러분은 먼저 이렇게 생각해보아야 합니다.

약 800년 전에 만들어진 8만여 개의 나무판이 지금까지 남아 있다는 게 얼마나 대단한 일인가 하고 말입니다. 그것도 그냥 나무판이 아니라 북방 불교의 경전이 조각되어 있는 나무판입니다. 8만여 개라고 하지만 양면을 다 썼기 때문에 면 수로 따지면 대장경판은 16만여 면이 됩니다. 이런 엄청난 유산이 지금까지 남아 있으니, 어찌 대단하다고 하지 않을 것입니까?

나무는 불에 지극히 취약합니다. 불이 조금이라도 붙으면 그것으로 끝입니다. 나무는 타고 나면 아무것도 남지 않습니다. 사정이 그렇기 때문에, 전 세계적으로도 나무(그리고 종이)로 되어 있는 유산은 그리 많이 남아 있지 않습니다.

설혹 그런 유산이 남아 있다 하더라도, 대장경처럼 근 800년이 된 것은 찾기 힘듭니다. 그래서 대장경이 지금까지 남아 있는 것은 기적이라고 해야 합니다. 이런 뻔한 사실을 이 유산의 주인인 한국인들은 잘 모르고 있습니다.

그런 한국인들도 이 대장경의 수난사를 들어보면, 대장경이 지금까지 남아 있는 것이 왜 기적적인지 이해할 수 있을 것입니다. 지난 역사 동안 대장경은 한국의 다른 유산처럼 멸실될 뻔한 위기를 여러 번 겪었습니다. 그 가운데 가장 극적인 경우 두 가지만 예로 들어봅니다.

현대의 입장에서 볼 때, 한국의 문화유산이 가장 많이 파괴된 사건은 말할 것도 없이 임진왜란입니다. 특히 건물의 피해가 심했습니다. 당시 왜군들이 한반도 전역을 휩쓸고 다니면서 닥치는 대로 건물에 불을 질렀기 때문에 전쟁이 끝난 뒤 남은 건물이 몇 채 되지 않았습니다.

그래서 현재도 조선 중기 이전의 건물들은 손에 꼽을 정도로 적습니다. 그때 살아남은 건물 가운데 대표적인 것이 부석사의 무량수전 같은 건물입니다. 그곳은 임란 때 왜군이 가지 않았기 때문에 이 건물이 살아남은 것입니다.

그러나 이런 경우는 극소수이고, 거의 모든 건물은 이때 소실(燒失)되고 맙니다. 사정이 이러했기 때문에 한국 전통 건축을 전공하는 학자들은 연구할 때 큰 어려움을 겪습니다. 한국 건축사를 연구하려면, 조선 전기나 고려 시대의 건축 문화에 대해서도 알아야 하는데 이 시대 건물은 남아 있는 것이 거의 없으니 어찌할 수가 없는 것입니다.

이러한 현실에도 불구하고 대장경은 살아남았습니다. 그리고 대장경을 보관하고 있는 건물도 살아남았습니다. 그런데도 사람들은 이 사실에 대해 별로 궁금해하지 않습니다. 이런 세계적인 유산이 임란 때 살아남았는데도, 별 의문을 갖지 않으니 이상하다는 것입니다.

나무로 된 유산들이 거의 소실된 임란을 거치면서도, 대장경과 장경판전(경판을 보관하는 건물)이 온전하게 남아 있는데, 이에 대해 호기심을 갖지 않으니 실로 기이하다고 할 수밖에 없습니다.

이 정도 되면, 한국인의 무관심 병은 도가 지나치다고 해야 합니다. 그런데 한국인들이 이 같은 태도를 취할 수밖에 없는 데에는 이유가 있을 것 같습니다. 그 이유는 간단합니다. 한국인들에게 임란 때 대장경판이 어떤 운명에 있었는지를 알려준 사람이나 그 사정에 대해 적은 자료가 없기 때문입니다. 그러니 한국인들도 사건의 전모를 알 수 있는 방법이 없었을 것입니다.

그런데 대장경과 판전이 저절로 보존되었다고 생각한다면, 그것은 큰 오산입니다. 그러니까 이 엄청난 유산을 지키기 위해 사람들이 아무것도 하지 않았는데도 이 유산들이 다치지 않고 살아남았다고 생각한다면 사실을 크게 잘못 본 것이라는 것입니다.

대장경과 판전이 보존되는 데에는 승병과 의병(그리고 관군)들의 큰 희생이 있었습니다. 이들이 목숨 걸고 대장경을 지킨 것입니다.

임란 때 일본군은 대장경판을 포획하기 위해 한 무리의 부대를 해인사로 보냅니다. 일본은 조선 초부터 대장경을 노리고 있던 터라, 전쟁이 나자 군대를 급파한 것입니다. 흡사 일본 정부가 조선의 도자기 장인들을 납치하기 위해 군대를 따로 동원했듯이 말입니다.

이런 소식을 접한 해인사의 승려들은 해인사를 지키기 위해 나섰다고 합니다. 일본군과 싸우기로 결정한 것입니다. 그래서 그들은 의병 등과 함께 해인사로 가는 마지막 고개에서 왜군들과 싸워서 그들을 패퇴시켰다고 합니다.

해인사는 지금도 쉽게 갈 수 있는 곳이 아닙니다. 상당히 오지에 있기 때문인데 차를 타고 가도 산길을 한참 가야 합니다. 대장경판을 해인사에 보관한 것도, 해인사의 이 같은 위치가 중요한 역할을 했을 것입니다.

전쟁 때 군대의 습격을 피하기 위해 그런 깊숙한 산속에 대장경판을 보관한 것입니다. 왜군이 습격했을 당시 승려들은 죽기 살기로 싸웠을 것입니다. 왜군에게 밀리면 자신들의 삶의 터전인 절이 소멸되고 자신들 역시 죽임을 당한다는 것을 알았기 때문입니다.

그런가 하면 이 전투는 해인사 승려 쪽이 더 유리한 면이 있었습니다. 승려들은 이 지역의 지리를 속속들이 알고 있어, 왜군들과 싸울 때 유리한 지점을 확보할 수 있었기 때문입니다. 이런 점들이 작동해서 해인사 승려들은 결국 왜군들을 물리쳤다고 생각됩니다.

나도 이런 정보를 이전부터 알고 있었던 것은 아닙니다. 이 같은 고급 정보는 어디서고 접할 수 없었는데, 제가 이 사실을 안 것은 해인사에 답사갔던 2014년이었습니다.

당시 해인사의 대장경 보존국장이었던 성안 스님을 통해서였습니다. 스님는 해인사에서 대장경과 관계된 사업을 오래 했기 때문에, 대장경에 대한 정보를 정확하게 갖고 있었습니다. 따라서 비록 다른 자료에는 나와 있지 않지만, 임란 때 해인사 승려들이 왜군을 패퇴시켰다는 그의 주장은 정확한 이야기일 것입니다.

대장경의 보존과 관련해서 성안에게서 들은 이야기가 또 있습니다. 해인사는 역사가 오랜 만큼 화재도 잦았다고 합니다. 이 화재 중에 대장경판을 가장 위협했던 것은 19세기 초에 있었던 화재였습니다. 이 화재는 판전 바로 앞에 있는 대적광전(대웅전)에서 일어났는데, 이 두 건물의 거리는 겨우 이십 여 미터에 불과했습니다.

지금의 대적광전은 1층 건물이지만 당시는 2층 건물이었습니다. 그리고 이 건물보다 한 단 위에 판전이 있었습니다. 대적광전은 2층 건물이었으니, 판전과는 아주 가까운 거리였던 것입니다.

이런 상황에서 앞 건물인 대적광전에 불이 나면 백이면 백, 뒷 건물인 판전에도 불이 번질 수밖에 없다고 합니다. 기왓장 같은 것에 불이 붙어 날아가서 옆이나 뒤 건물에 불을 붙인다는 것입니다. 그런데 그때에도 판전에는 불이 번지지 않아 멀쩡했다고 합니다. 판전에 불이 붙지 않았으니 경판도 화마를 피할 수 있었습니다.

이 말을 전하면서 성안은 자기도 그 이유, 즉 불이 판전에 옮아붙지 않은 이유를 알 수 없다고 고개를 저었습니다. 있을 수 없는 일이 일어났기 때문입니다.

이렇게 해서 19세기 초에 있었던 화재에서도 대장경판은 기적처럼 살아남았습니다. 위기는 또 한 번 남았습니다. 이 위기도 급박한 것이었는데 이것 역시 용케 피할 수 있었습니다.

때는 6.25 전쟁 중이었습니다. 맥아더 장군의 인천상륙작전이 성공함에 따라, 퇴로가 막힌 북한군은 남한에서 게릴라가 되어 산속에서 활동하고 있었습니다. 이때 이들의 거처가 되었던 곳이 바로 절이었습니다. 따라서 당시 국군과 미군 측은 게릴라를 소탕하고자 절을 폭격하게 됩니다. 해인사도 그 후보가 되어 마침내 폭격 명령이 떨어집니다.

이때 이 명령을 수행하고자 출격한 편대의 책임자가 바로 김영환 대령이었습니다. 그는 명령에 따라 해인사에 갔지만 절을 폭격하는 것은 피하고 그냥 돌아왔습니다(절 주변을 폭격했다고 전해집니다). 민족의 보물인 대장경판은 차마 폭격할 수 없었던 것입니다.

이 사태를 두고 미군이 가만 있을 리 없었습니다. 김영환 대령이 전시에 명령을 이행하지 않았으니 말입니다. 바로 그날 저녁 청문회 같은 것이 열렸습니다. 이때 왜 폭격하지 않았느냐는 미군 장교의 비난에 김영환은 이렇게 답합니다.

'해인사에 있는 인민군을 몇 명 죽여봐야 전세가 바뀌는 것은 아니다. 그러나 대장경은 한 번 소멸되면 그것으로 끝이다. 제2차 세계대전 때 당신들은 독일군 치하에 들어간 파리를 문화재 보호 차원에서 폭격 안 하지 않았는가, 나도 그런 심정으로 우리나라의 보

물인 해인사의 대장경판을 살리고 싶었다.'

이런 설득 끝에 김영환 대령은 면책되었습니다. 이처럼 김영환 대령은 명령 불복종이라는 죄로 사형을 받을 수 있던 위험을 무릅쓰고 대장경판(그리고 판전)을 구한 것입니다.

원래 사건은 이보다 더 복잡하게 돌아갔는데, 다 밝히는 것은 번거로워 아주 간명하게만 설명했습니다.

이처럼 두세 건의 사건만 보아도 대장경판이 지금까지 보전된 것은 기적에 가까운 일이라는 것을 알 수 있지 않을까요? 이 이외에도 위기가 더 있었는데 이 정도면 충분하다는 생각입니다.

경판에 대해 말할 때 항상 빠지지 않는 것이 있습니다. 앞에서도 많이 거론된 장경판전이 그것으로, 이것은 유네스코 선정 세계유산에 등재되어 있습니다. 이로써 해인사는 일개 사찰이 세계유산을 둘씩이나 보유하는 영예를 갖게 되었습니다.

이 판전이 세계유산이 될 수 있었던 것은 창고로서 훌륭한 기능을 갖고 있었기 때문입니다. 창고도 그냥 창고가 아니라, 그 안에 있는 경판이   지 않도록 많은 장치가 되어 있기 때문에 인정받은 것입니다. 매우 과학적으로 설계된 환기 시스템이나 실내 온도를 적정 수준에서 유지하게 하는 장치, 또 습기를 조절할 수 있게끔 바닥에 숯이나 소금 등을 묻어놓은 것 등, 그 시설이 매우 용의주도하게 되어 있는 것이 인정받은 것입니다.

이런 기능도 중요하지만 조선 초, 즉 15세기에 세워졌을 것으로 추정되는 이 건물은 무엇보다도 그 모습이 매우 아름답습니다. 창고이기 때문에 별다른 장식이 없지만 담백해서 더 좋습니다. 게다가 그 규모가 엄청납니다. 이 같은 크고 아름다운 옛 건물이 두 개나 있으니 세계유산이 될 만하다는 생각이 듭니다.

많은 외국인들은 한국 문화는
중국 문화나 일본 문화의
아류나 복사판 정도로만 이해했습니다.
그들이 그렇게 백안시했던 한국이
21세기에 들어서서 한류를
전 세계에 선사하자 한국을 보는
그들의 눈이 조금은 달라졌지만,
한국을 문화적인 선진국
즉 모든 학문의 근간인 인문학이
어떤 나라보다 발전했던 나라라는 것은
알아차리지 못하고 있습니다.

고려대장경은 무엇이 대단하다는 것일까?

—둘째, 제작의 측면에서—

한국인들은 대장경에 워낙 익숙하니까 이 대장경 만드는 작업이 얼마나 힘든지 잘 모르는 것 같습니다. 그러나 대장경의 제작 과정을 한번 알고 나면, 이것이 왜 세계적인 보물이 될 수밖에 없는지 깨달을 수 있을 것입니다. 그리고 이런 불세출의 보물을 한국만이 갖고 있다는 사실에 다시 한번 놀라고 더 나아가서 자랑스럽게 생각할 것입니다.

유네스코에 등재된 수백 개의 세계기록유산을 살펴보아도, 고려대장경처럼 약 800년의 역사를 지닌 목판이 8만여 개에 달하는 그런 방대한 유산은 없습니다. 이 점에 대해서는 한국인들이 마음껏 자랑해도 전혀 문제가 되지 않을 것입니다.

이 대장경은 이렇게 워낙 큰 유물이라 제작하는 데에도 약 16년이라는 세월(1236~1251년)이 걸렸습니다. 이런 대장경이라 그 제작 과정이 매우 복잡하게 진행됐지만, 여러분의 이해를 돕기 위해 아주 간단하게만 봅니다.

대장경은 팔만대장경이라 불리는 데서 알 수 있듯이, 경판이 8만 개가 조금 넘습니다. 경판 하나의 크기는 세로가 24㎝, 가로가 68~78㎝이며 두께는 2.5~3㎝입니다. 무게는 3㎏ 정도에 달한다고 합니다. 이런 경판이 8만여 개가 있는 것입니다. 그래서 전체 무게를 계산해보면 280톤이나 된다고 하니 엄청난 양인 것을 알 수 있습니다.

이렇게 말하면 그 전체 무게나 부피가 얼마나 될지 감이 잘 안 올지 모르니, 대장경 전체를 적재량이 1톤인 소형 트럭으로 옮긴다고 상상해봅시다. 그러면 이런 트럭이 280대가 필요하다는 계산이 나옵니다. 이 트럭이 작기는 하지만, 280대가 한 줄로 서서 간다면 그 이송행렬이 엄청날 것입니다. 아마도 장관을 이룰 것입니다.

경판의 규모는 이 정도면 알 수 있을 터이니, 이제부터는 이 경판을 만들기 위해 어떤 과정을 거쳤는지 살펴봅시다. 우선 생각해야 할 것은 기본 재료가 되는 나무의 양입니다. 이 많은 경판을 만들려면 얼마나 많은 나무가 필요할까요? 현재 추정으로는 약 1만 5천 그루의 나무가 소요됐을 것이라고 하는데, 이것은 엄청난 양임이 틀림없습니다.

그다음으로 생각해야 할 것은 이 나무들을 산에서 베어서 경판이 제작되는 곳까지 운반하는 일입니다. 경판 제작은 한반도 남쪽 섬(남해도)에서 이루어졌다고 전해지고 있는데, 이곳까지 그 많은 나무를 운반하는 일이 쉬울 리가 없었을 것입니다. 주로 강과 바다 같은 물길을 이용해서 이송했을 텐데, 그렇다고는 해도 크레인 같은 장비가 없는 옛날에 이것을 어떻게 다 운송했는지 그저 대단하다는 생각만 듭니다.

·그다음에 이렇게 운반된 나무를 약 1년 이상 갯벌에 묻어두었다

는 설이 있습니다. 이렇게 하는 이유는 나무에서 진을 빼기 위한 것이라고 합니다.

다음으로는 이 나무들을 베어서 경판 형태로 만든 다음 그것을 소금물로 삶는다고 합니다. 그리고 그것을 말려야 하는데 햇빛으로 말리는 게 아니라 응달에서 말려야 한다고 합니다. 응달에서 말리니 그 기간이 길어질 수밖에 없는데 1년여 년 정도는 걸린다고 합니다.

이 같은 가공 과정을 거치는 이유는 이렇게 하지 않으면 나무가 마른 다음에 뒤틀리고 터진다고 합니다. 이것은 나무의 속성상 쉽게 일어날 수 있는 일인데, 이 과정을 거치면 이런 일이 일어나지 않는다고 합니다. 실제로 대장경판 중에는 뒤틀리고 터진 것이 없다고 하니 이 가공법이 효과가 있는 것입니다.

이 단계까지만 와도 벌써 3년 이상의 세월이 걸렸을 텐데 이것은 시작에 불과합니다.

이렇게 경판을 만드는 동안에 다른 한쪽에서는 원고를 작성해야 합니다. 이 원고는 다른 것이 아니라, 종이에 붓으로 불교 경전을 쓰는 것입니다. 이를 위해 먼저 엄청난 양의 종이, 즉 한지를 마련해야 합니다. 경판은 한 면에만 글씨를 새기는 것이 아니라 양면을 모두 활용했습니다. 따라서 원고는 경판의 숫자인 8만여 개의 두 배가 필요하게 됩니다. 그렇다면 이것은 적어도 16만여 장의 한지가 필요하다는 것을 뜻합니다.

그런데 쓰다 보면 오탈자가 나오니 종이가 이보다 2~3배가 필요하다고 합니다. 그렇게 되면 약 30~40만 장의 종이가 필요하다는 계산이 나옵니다. 그런데 이때 쓰는 종이인 한지는 지금 우리가 쓰는 종이와는 질적으로 완전히 다른 것입니다. 당시 사용한 한지는 그때에도 상당히 고가였는데, 이것을 30~40만 장을 만드는 일이 어디 쉽겠습니까?

그래서 한지 만드는 데만 1만 명 이상의 장인이 동원됐다는 설이 있습니다. 1만 명이라는 제지공을 생각하면 그 규모가 엄청난 것을 알 수 있습니다.

그다음 작업은 경전을 필사하는 일입니다. 먼저 얼마나 많은 글자를 써야 하는지 계산해봅시다. 경판의 전체 면수가 16만여 면이라고 했는데 각 면에는 322개의 글자를 새겼습니다. 그래서 이것을 계산해보면, 대장경 전체에는 5천 2백만여 개의 글자가 들어간 것이 됩니다.

5천만 글자를 상회한다고 하니 그 양이 하도 많아 감히 상상되지 않습니다. 이것을 다 붓으로 써야 하니, 얼마나 많은 사람이 필요했겠습니끼? 여기에는 약 5만 명의 사람이 동원됐다고 하는데, 이들은 그저 그런 사람이 아니라 불교 경전을 어느 정도라도 아는 지식인이어야 합니다. 아마도 승려나 귀족들이 대거 동원됐을 것입니다.

이 많은 사람을 데리고 어떻게 효율적으로 분담해서 경전을 필사했는지 궁금한데 알려진 바는 없습니다. 이런 일은 체제를 잘 갖추지 않으면 일을 진행하는 과정에서 오류가 많이 생기는 법인데, 고려는 이렇게 어려운 일을 다 해냈습니다.

이 필사하는 작업이 끝나야 이제 비로소 글자를 파기 시작할 수 있습니다. 그런데 이 많은 글자를 파려면 또 얼마나 많은 사람(판각수)이 필요했겠습니까? 이들은 한 글자를 팔 때마다 세 번 절했다고 전해지는데, 이것이 사실이라면 그들의 정성이 지극하기 짝이 없다는 생각을 지울 길이 없습니다.

자신들이 하는 일이 부처님의 말씀을 기록으로 남기는 것이라 이렇게 갸륵한 정성을 바친 모양입니다. 어떻든 이 사람늘이 절을 한 횟수만 따지면 약 2억 번은 될 터인데 참으로 무던히도 노고를 아끼지 않았습니다.

한 사람이 하루에 팔 수 있는 글자가 약 40여 자라고 하는데, 그런 식으로 계산해보면 약 12만 명이라는 엄청난 수의 장인이 필요했다고 합니다. 말은 이렇게 하지만, 도대체 고려는 이 많은 장인들을 어떻게 동원하고 훈련시켰는지 알 수 없습니다. 그것도 몽골과 전쟁을 하는 동안에 이 일을 했다는 것이 믿기지 않습니다.

그런데 이렇게 글자를 다 팠다고 일이 끝나는 게 아닙니다. 작업은 계속되어야 합니다. 사람이 하는 일에는 반드시 실수가 있는 법이라 대장경 전체를 꼼꼼하게 교정보아야 합니다. 교정 작업은 일단 각 경판을 인쇄한 다음, 그것을 원본인 불경과 함께 한 글자, 한 글자 아주 꼼꼼하게 점검했다고 합니다.

그렇게 해서 만일 틀린 글자가 나오면 그 글자를 파내고 그 자리에 고친 글자를 넣는 식으로 진행했다고 합니다. 이런 식으로 교정했으니 시간이 오래 걸릴 수밖에 없었을 것입니다. 1년여의 세월을 교정하는 데에 들였다고 하니 말입니다.

그렇게 교정을 했는데도 대장경에서 150여 자의 오탈자가 발견된 다고 하는데, 출판관계자들에 따르면 5천 2백만 글자에서 오탈자가 이 정도밖에 안 나왔다면 이것은 오탈자가 없는 것으로 보아야 한 다고 합니다. 다시 말해 완벽한 출판으로 쳐야 한다는 것입니다.

이 정도면 대장경 만드는 작업이 다 끝났을 것 같은데, 아직 할 일이 남았습니다. 이제 뒤처리를 해야 하는 것입니다. 이를 위 해 우선 해야 할 일은 나무를 보호하기 위해 옻을 칠하는 일입니 다. 경판이 많으니 옻도 많이 필요했을 것입니다. 여기에 들인 옻이 400kg이나 된다고 하니 엄청난 양인 것을 알 수 있습니다(옻 채취 하는 사람은 1천 명 정도). 옻은 옻나무에서 소량밖에 채취하지 못하기 때문에 400kg이라는 것은 대단한 양입니다.

옻칠을 하는 이유는 방수 효과가 있을 뿐만 아니라 곤충들을 물 리칠 수 있기 때문입니다. 특히 곤충들이 경판을 갉아 먹는 일을 막을 수 있습니다. 이렇게 나무에 옻을 칠하면 그 나무는 천 년 이 상 보존된다고 합니다. 이렇게 처리한 덕에 경판들이 오늘날에도 처 음 만든 그대로 보존되어 있는 것입니다.

막바지로 접어드는 단계가 아직 남았습니다. 경판을 보호하기 위 해 네 모서리에 동을 대서 마구리로 삼았습니다. 이것은 경판들이 부딪치면서 손상이 가는 것을 막기 위함이었을 것입니다.

이상이 아주 간단하게 본 대장경 제작 과정의 전모입니다. 이렇게 간단하게만 보아도 이 일을 하는 데에 얼마나 많은 비용과 인력, 그리고 문화력이 들어갔는지 알 수 있을 것입니다. 재정도 튼튼해야 했겠지만 불교 경전에 대한 이해력 등 인문학적인 수준이 받쳐주지 않으면 이 일은 애당초 불가능했을 것입니다.

이것으로 보면 당시 고려가 정치력이나 경제력, 그리고 문화력이 얼마나 뛰어난 나라인지 알 수 있습니다. 그래서 나는 항상 당시의 고려는 세계 최고의 선진국이었다고 주장하고 다닙니다. 정치와 경제, 그리고 학문(특히 인문학)이 골고루 발전한 나라라는 것입니다. 당시 이런 거대한 사업을 할 수 있는 나라는 동북아시아에서 한국과 중국밖에 없었습니다.

일본도 대장경판을 만들려고 시도했는데 국력이 따르지 않아 실패했다고 합니다. 그들이 불교 경전을 총정리한 것은 앞에서 말한 것처럼 20세기에 들어온 다음의 일이었습니다. 그러나 이때에도 경판을 만든 것은 아니고 활자로 인쇄해서 북방 불교와 남방 불교의 경전을 총정리했습니다. 그래서 책(『신수대장경』)으로만 편찬해서 출간했습니다.

일본인들이 불교대장경을 총정리하면서 고려대장경처럼 경판을 만들지 않은 이유는 아마도 인쇄술이 극도로 발달된 현대에 경판이 필요 없을 것이라고 생각한 것 아닌지 모르겠습니다. 그런 면도 있겠지만 경판을 만드는 일이 너무도 힘들기 때문에, 그 같은 시도를 하지 않은 것 아닐까 하는 생각도 듭니다. 현대에 이런 작업을 할라 치면 아마 인건비 때문에 엄두를 못낼 것 같습니다.

이 정도 설명이면 고려대장경에 대한 기본적인 정보는 다 전달된

셈입니다. 마지막으로 다시 여러분께 환기하고 싶은 것은 이 대장경을 간직하고 있는 것은 한민족의 영광이라는 것입니다. 세계에 유례가 없는 보물을 한국인이 보유하고 있으니 얼마나 대단한 일이겠습니까?

앞으로 종교에 관계없이 한국인들은 이 유물에 집중하면 좋겠습니다. 그냥 보유하고 있는 것으로 끝날 것이 아니라 어떻게 홍보하고 어떤 식으로 활용할 수 있을지 그 방법을 궁구해야 할 것입니다. 저 어마어마한 유물을 해인사에 모셔 놓고 아무 일도 안 하고 있으니 답답할 뿐입니다. 물론 그동안 대장경 전체를 전산화 작업을 하는 등 여러 가지 작업을 했지만 아직 부족하다는 느낌입니다.

특히 이 대장경이 일상적인 한국인과 별 관계 없는 유물로 보여 안타깝습니다. 이 엄청난 유산이 한국인들에게 익숙해질 수 있는 여러 방법을 생각해야 할 터인데 여전히 그런 시도가 있다는 소리는 들리지 않으니 안타까울 뿐입니다.

여기까지 대장경에 대해 보았는데 대장경의 제작 과정을 훑어보면서 BTS의 탄생 과정을 다시 한번 생각하게 됩니다. 여러분들이 앞에서 보셨듯이 대장경이라는 명품이 만들어지기까지 얼마나 많은 시간과 노력이 들었습니까?

나는 BTS도 마찬가지였을 것이라고 생각합니다. BTS라는 명품 아이돌이 탄생하기 위해 제작사와 BTS 본인들이 얼마나 많은 노력을 주밀하게 기울였을지 가늠이 됩니다. 여기에 다 적지는 않았지만

한국이 IT 산업이
크게 발전한 국가인 것은
틀림없는 사실입니다.

한국이 이러한 국제적 위상을
가질 수 있었던 것은 과거에도
한국이 IT 강국이었다는
사실이 작용하지 않았을까 하는
생각이 듭니다.
금속활자 인쇄술이라는 것은
전통 시대에 매우 유용한 IT,
즉 Information Technology 아닌가요?

BTS가 탄생하기 위해 많은 여건들이 맞아떨어져야 했을 겁니다.

확실한 신념 혹은 철학을 세우고, 그것을 실현하기 위해 한 치의 흔들림 없이 수많은 시간을 전진시킨 점이 대장경을 만든 정신의 후예라고 하겠습니다.

『직지심체요절』

　이제 여덟번째 강의로 왔습니다. 이번 강의에서 다룰 주인공 역시 세계적인 보물입니다. 우리의 주인공은 지금 전 세계에 남아 있는 금속활자 인쇄본 가운데 가장 오래된 『직지심체요절』(이하 『직지』)입니다.

　그런데 이 책은 불행인지 다행인지 모르겠지만, 프랑스 파리에 있는 국립도서관에 보관되어 있습니다. 불행이라는 것은 한국 책이 한국에 있지 않고 타국에 있어서 그렇다는 것이고, 다행이라는 것은 타국에서라도 보존되어 있어서 그렇다고 말한 것입니다. 이 책이 한국에 계속해서 있었으면 그 운명을 알 수 없었을 것입니다. 책이란 종이로 되어 있어 불에 소실될 염려가 크기 때문입니다.

　한국인들은 이 책에 대해서 그다지 큰 관심을 기울이지 않습니다. 그저 국사 시험을 보기 위해 그 제목만 외울 뿐입니다. 그런데 이런 책을 만들어낸 국가는 세계 최고 선진국임이 틀림없을 터인데, 한국인들은 이것을 가지고 자랑할 줄 모릅니다.

　이 책이 한국인에게 중요한 이유가 있습니다. 한국인들은 그동안 오로지 국내에서만 자신들의 조상이 금속활자를 인류역사상 최초로 발명했다고 주장했습니다.

　한국사 교과서를 보면 1234년에 금속활자 인쇄본(『상정예문』)이 출

간된 적이 있다고 쓰여 있습니다. 그런데 이 같은 정보는 고려 때 간행된 책(『동국이상국집』)에 쓰여 있을 뿐, 이 책의 실물은 없습니다. 그러니 세계 무대에서 공식적으로 인정받을 수 없었습니다. 따라서 이 『직지』가 발견되기 전까지 전 세계인들은 당연히 금속활자를 최초로 발명한 사람은 독일의 구텐베르크라고 굳게 믿었습니다.

그러다 『직지』가 발견되니 세계인들, 특히 서양인들도 할 수 없이 한국이 독일보다 먼저 금속활자를 발명했고, 따라서 인류사상 최초로 금속활자를 만들었다는 사실을 인정할 수밖에 없었습니다.

『직지』는 구텐베르크가 금속활자로 인쇄한 최초의 책인 『42행 성서』보다 정확히 78년 전에 인쇄됐기 때문입니다. 그러나 사정이 이러함에도 불구하고, 아직도 대부분의 세계인들은 구텐베르크가 금속활자를 최초로 발명했다고 믿고 있습니다.

금속활자 발명의 의의

　금속활자의 발명을 인류사에서 왜 중요한 사건이라고 하는 것일까요? 이유는 간단합니다. 금속활자로 인쇄함에 따라 책의 인쇄가 이전과는 비교도 안 되게 용이해졌을 뿐만 아니라, 책을 다량으로 찍을 수 있게 되었고, 게다가 인쇄 속도 역시 엄청나게 빨라졌기 때문입니다.

　그런데 책이라는 것이 무엇인가요?

　책은 문명의 총아(寵兒)라 할 수 있습니다. 사람은 책을 통해서 정보를 광범위하게 공유할 수 있기 때문입니다. 그런데 금속활자가 나오기 전까지는 책을 만드는 일이 대단히 힘들어, 서양에서는 양피지 같은 것에 손으로 직접 쓰는 방식으로 책을 만들었습니다.

　그런데 이런 식으로 책을 만들면 비용도 엄청나게 들고 시간도 오래 걸릴 뿐만 아니라, 다량으로 찍을 수도 없었습니다. 그런 까닭에 당시에는 극소수의 상류계층만 책을 소유할 수 있었습니다.

　그런데 이런 현실이 금속활자가 발명되면서 완전히 바뀌었습니다. 특히 유럽이 그랬습니다. 구텐베르크가 금속활자를 발명하자 그 기술은 곧 유럽 전역으로 퍼졌고, 그에 따라 책의 인쇄가 훨씬 쉬워졌습니다.

　책의 효능은 크게 두 가지로 분류할 수 있는데, 정보의 확산과 축적이 그것입니다. 책이 유통되면서 고급 정보가 유럽 전역에 퍼질 수 있었습니다. 정보의 공유화가 이루어지면서 시너지 효과가 나오기 시작했습니다. 그리고 그 정보는 그대로 축적되어 다음 세대로 전달되었습니다.

이것은 그 정보를 담은 책이 다음 세대로 전승되기 때문에 가능해진 것입니다. 그러면 다음 세대들은 이 정보를 가지고 더 발전된 지식 체계를 만들 수 있었습니다. 정보들이 이처럼 계속해서 쌓이니 좋은 결과가 나오지 않을 수 없었던 것입니다. 정보의 심화가 가능해진 것입니다.

유럽의 출판문화가 이처럼 바뀌면서 유럽에는 엄청난 변화가 일어났습니다. 사람들은 그렇게 말합니다. 활자가 있는 곳에는 혁명이 일어난다고 말입니다.

마르틴 루터가 종교 혁명을 일으킬 수 있었던 것도 그의 생각을 금속활자로 인쇄해서 유통했기 때문입니다. 그뿐만 아니라 그 뒤에 나오는 과학혁명이나 산업혁명도 금속활자로 찍은 책 때문에 가능했습니다. 책이 없었으면 정보의 공유나 심화 작업이 이루어지지 않아 사회에 큰 변화를 만들어내기 어렵습니다. 그런데 금속활자 인쇄본은 이런 일을 단번에 해결한 것입니다.

서양인들은 이 금속활자의 발명이 어떤 의미를 갖고 있는지에 대해 잘 알고 있는 것 같았습니다. 그래서 어떤 조사에 따르면, 지난 천 년 동안 세계를 바꾼 100대 사건 가운데 구텐베르크의 금속활자 발명이 1위를 차지했습니다.

1000년부터 1999년까지 인류에게 얼마나 많은 일이 있었는데, 그것들을 모두 제치고 금속활자 발명이 가장 큰 일이라고 했는지 그 의미를 잘 이해해야 할 것입니다. 이 기간 동안 앞에서 말한 것처럼 혁명도 숱하게 있었고, 전쟁도 자주 일어났는데 그런 것을 다 물리치고 금속활자의 발명이 1위가 되었으니, 이 사건이 얼마나 인류사를 크게 바꾸었는지 알 만하지 않을까요?

물론 이런 이야기는 유럽에만 적용되는 것이고, 한국이나 중국에는 해당되지 않는다고 할 수 있습니다. 유럽에서는 이 인쇄 기술이 상업화되어 구텐베르크 이후에 계속 발전했지만 한국의 경우에는 이 기술이 상업화되지 않고 왕실에서만 보유하고 있던 탓에 한국 사회가 발전하는 데에 그다지 기여하지 못했습니다.

전 세계가 최근까지 활용한 인쇄 기술은 구텐베르크의 금속활자 기술에 기반을 둔 것이지, 한국의 인쇄 기술과는 아무런 관계가 없습니다. 한국인은 이 점을 인정해야 합니다. 그러나 한국은 여전히 금속활자의 최초 발명국이라는 명예를 갖고 있습니다. 이런 발명은 아무 민족이나 하는 것이 아니라는 것을 알아야 합니다.

고려와 같은 당시 세계 최고의 선진국이 아니면 할 수 없는 발명인 것입니다. 한국인들은 그런 문화를 계승했다는 데에 큰 자부심을 가져야 할 것입니다. 이제 이런 일을 가능하게 한 책인 『직지』에 대해 살펴보아야 하겠습니다.

『직지』의 문화영웅 박병선

　한국인들도 이제는 이 『직지』라는 책이 가장 오래된 금속활자 인쇄본이라는 사실을 어느 정도는 알고 있는 것 같습니다. 그런데 그들이 오해하는 것이 있습니다. 이 의견이 틀린 것은 아니지만 여기에 '현존하는' 이라는 문구가 들어가야 합니다.

　그러니까 지금까지 남아 있는 금속활자 인쇄본 가운데 가장 오래되었다는 것이지, 이 책이 인류사에서 최초의 금속활자 인쇄본은 아니라는 것입니다.

　이 책 이전에 있던 책, 즉 앞에서 인용한 『상정예문』 같은 책들은 유실되고 없기 때문에 이 책이 이런 영예를 얻게 된 것입니다. 책이라는 것은 종이로 만들어졌기 때문에 유실되기 쉽습니다. 따라서 『직지』가 현재까지 남아 있는 것은 기적에 가까운 일이라 할 수 있습니다. 어떻게 이 일이 가능했는가는 곧 볼 예정입니다.

　이 책과 관계해서 한국인들이 또 오해하고 있는 것이 있는데, 그것은 이 책이 프랑스에 있게 된 경위입니다. 많은 한국인들은 프랑스 군대가 이 책을 훔쳐 갔다고 믿고 있는 것 같습니다. 그런데 이것은 틀린 견해입니다. 프랑스 군대, 더 정확히 말해서 프랑스 해군이 훔쳐간 한국 책이 있기는 합니다. 그런데 그것은 강화도에 있는 외규장각에 보관되어 있던 『조선왕조의궤』입니다.

잘 알려진 것처럼 프랑스 해군이 병인양요 때(1866년) 조선의 왕실 도서관 서고인 외규장각을 약탈해서 가져간 것입니다. 이 사건과 『직지』는 아무런 관계가 없습니다.

『직지』는 한 말에 초대 프랑스 공사를 역임했던 플랑시라는 사람이 구입해서 프랑스로 가져간 것입니다. 따라서 이 책은 프랑스인이 정식으로 구입한 것이기 때문에, 한국 정부가 돌려달라고 할 수 없습니다. 이 책이 프랑스로 가서 국립도서관에 들어가기까지 여러 과정이 있었지만 이것은 우리의 주제와 직결되는 것이 아니니 모두 생략하고 이 장의 주인공인 박병선 박사에게로 가 봅시다.

그런데 그전에 꼭 언급하고 싶은 것은 고려 말인 1377년에 간행된 이 책이 어떻게 조선 말까지 잔존할 수 있었는가에 대한 것입니다. 이를 설명해주는 가장 유력한 설은 이 책이 불상의 복장(腹藏) 유물이었을 것이라는 것입니다. 이렇게 생각하는 이유는 이 책은 비록 앞 페이지가 떨어져 나갔지만 보존 상태가 꽤 괜찮은 편이기 때문입니다.

만일 책이 유통되면서 사람들의 손을 탔다면 이렇게 온전하게 남아 있을 수 없습니다. 또 책은 불에 취약하기 때문에 책이 소장되어 있는 건물에 불이 붙으면 책도 같은 운명을 겪을 것은 뻔한 일입니다. 따라서 이 책이 이렇게 살아남은 것은 불상의 복장 유물로 있다가 세상의 빛을 보았을 확률이 높습니다.

그러나 이 책이 그렇게 발견됐다 하더라도, 그 뒤에 어떤 경로를 거쳐 플랑시의 손에 들어갔는지는 설만 있을 뿐 확실한 것은 알지 못합니다. 그 중간 단계가 어찌 됐든, 그가 구입한 이 책은 또 몇 사람의 손을 거쳐서 파리에 있는 국립도서관에 기증됩니다. 그렇게 기증된 뒤 이 책은 어디 특별한 데에 있었던 것이 아니라, 그냥 중국 책들이 있는 칸에 있었던 것 같습니다. 그곳에 있으면서 박병선에게 발견되기만 기다렸던 것입니다.

사실 이 도서관의 사서들도 이 책의 존재를 모르지 않았을 것입니다. 왜냐하면 이 책의 겉장에 불어로 '이 책은 가장 오래된 금속활자 인쇄본'이라고 쓰여 있었으니 말입니다. 그런데 도서관의 사서들은 이 문구에 전혀 신경을 쓰지 않았습니다. 왜냐하면 프랑스 사서들이 보기에 이 정보는 터무니없었기 때문입니다.

최초의 금속활자 인쇄본이라고 하면 당연히 구텐베르크가 간행한 『42행 성서』가 그 주인공이 되어야지, 중국에서 간행된 것으로 추정되는 이따위 한문 책이 최초의 금속활자 인쇄본이 될 리가 없다고 생각한 것입니다(사서들은 이 책이 한문으로 되어 있어 중국 책으로 생각했다고 합니다).

이 같은 사실은 박병선이 이 책을 발견하고 동료들에게 이 책이 가장 오래된 금속활자 인쇄본이라고 말했을 때, 그들이 보인 반응을 보면 알 수 있습니다. 박병선의 증언에 따르면, 사서들은 박병선의 주장은 말도 안 된다면서 전혀 동조하지 않았다고 합니다. 따라서 박병선은 이 책이 금속활자 인쇄본이라는 것을 증명하기 위해 필사의 노력을 기울이게 되는데 그 과정은 조금 뒤에 보기로 하고 박병선이 이 책을 발견하게 된 경위에 대해 먼저 살펴보기로 합니다.

박병선은 사전에 이 책에 대해 어떠한 정보도 갖지 않았던 것 같습니다. 이 책의 존재 자체를 몰랐으니, 이 책에 대해 어떤 관심도 있을 수 없었습니다. 박병선이 1955년에 프랑스 유학을 떠날 때 서울대의 은사였던 이병도 교수가 그에게 한 가지 부탁을 합니다. 1866년에 프랑스 해군이 강화도에서 조선 정부의 책을 약탈해 갔는데, 그것을 찾아보라는 것이었습니다. 당시 강화도에는 외규장각이라는 조선 왕실의 도서관 서고가 있었는데, 프랑스 군대가 이곳을 턴 것입니다. 이때 그들이 가져간 것은 『직지』가 아니라『조선왕조의궤』(이하『의궤』)였습니다.

그래서 박병선은 항상 은사의 부탁을 잊지 않고 있었는데, 마침 박병선에게 기회가 왔습니다. 국립도서관을 자주 찾던 그를 주의 깊게 보던 도서관 측에서 임시직이지만 사서 일을 부탁한 것입니다. 한문으로 된 중국 서적을 정리해 달라고 부탁한 것이라고 합니다. 이것이 1967년의 일인데, 이때부터 박병선은 시간을 쪼개어서『의궤』찾는 일을 시작하게 됩니다.

그런데 박병선은 사서 일을 시작하던 해에 바로 『직지』를 발견합니다. 나는 이 사정을 알기 전에는 박병선이 어렵게『직지』를 발견한 것으로 알고 있었는데 실은 그렇지 않았습니다. 진짜 어려움은 나중에 겪게 되는데, 이것은『직지』가 금속활자로 인쇄됐다는 것을 밝히는 과정에서 겪은 어려움을 말합니다. 이 주제는 뒤에서 상세하게 다룰 것입니다.

박병선이 『의궤』를 찾기 위해 가장 먼저 한 일은, 한문 책이 보관된 중국 고서 서고를 뒤지는 일이었습니다. 그가 여기에 보관된 책을 하나하나 살폈을 터이니, 『직지』를 발견하는 일은 어렵지 않았을 것입니다.

박병선은 『직지』를 처음 발견하고 화들짝 놀랐습니다. 이 책의 끝부분에 '청주에 있는 흥덕사에서 인쇄되었다'라고 쓰여 있었기 때문입니다.

이 문구를 보는 순간 그는 이 청주가 중국의 도시가 아니라 한국의 충청북도에 있는 청주라는 것을 즉시 알아차릴 수 있었습니다. 그리고 책 표지에는 가장 오래된 금속활자 인쇄본이라고 쓰여 있으니, 그는 더더욱 흥분하지 않을 수 없었을 것입니다. 흥분한 나머지 주위에 있는 동료들에게 이 소식을 전하니, 그들의 반응은 앞에서 말한 대로 차갑기 그지없었습니다.

프랑스 동료들의 생각은 충분히 예상할 수 있는 것입니다. 저기 동쪽 끝에 붙어 있는 한국이라는 작은 나라에서 어떻게 금속활자 같은 문화의 결정체를 처음으로 만들어낼 수 있느냐는 투였을 것입니다. 그리고 그런 대단한 유물은 유럽에 사는 백인들이나 만들 수 있는 것이라는 자만감 때문에 박병선의 주장은 파묻히고 말았습니다.

『직지』가 금속활자 인쇄본이라는 사실 증명하기

　이렇게 주위에서 냉담하게 대하자 박병선은 한국의 지인들에게 연락했습니다. 『직지』나 금속활자 인쇄에 대한 자료를 부탁한 것입니다. 그런데 놀랍게도 그때 한국에는 이 주제에 대한 연구가 전혀 되어 있지 않았다고 합니다. 당시 한국은 세계에서 가장 가난한 나라 중의 하나였기 때문에, 이런 세세한 주제에 대해 연구할 여력이 없었던 모양입니다.

　이 같은 현실에 직면한 박병선은 다행히도 낙담하지 않았습니다. 대신 자신이 직접 밝히기로 결심하게 됩니다. 우리에게는 얼마나 다행한 일인지 모릅니다. 그때 박병선이 포기했다면, 『직지』는 도서관 서고에 먼지를 쓴 채 그대로 있고, 최초 금속활자 발명의 영예는 구텐베르크가 그대로 보유하고 있겠지요.

　박병선에게 떨어진 당면 과제는 『직지』가 금속활자로 인쇄되었다는 것을 증명하는 것이었습니다. 그것만 밝히면 이 책은 세계 최초의 금속활자 인쇄본이 됩니다. 그런데 그는 이 분야에는 철저하게 문외한이었습니다.

　역사나 종교를 공부하던 인문학도가 금속활자 인쇄술에 대해 알리가 없기 때문입니다. 그러나 그는 물러서지 않고 이 주제에 대해 연구하고 실험을 하기 시작했습니다. 이것은 실로 대단한 일입니다.

인쇄술과 같이 자신이 전혀 모르는 일에 뛰어들었으니 말입니다. 보통의 학자 같으면 그저 이 『직지』에 대해 논문 하나 쓰는 것으로 끝내고 말지 인쇄술에 뛰어들어 직접 실험하는 일까지 하지는 않습니다. 그러니 그가 대단하고, 그래서 진정한 영웅이라는 것입니다.

그 뒤에 그가 한 고생은 여기서 모두 서술할 수 없습니다. 이에 대해서는 나의 다른 저서(『직지와 의궤에 일생을 바친 박병선』)에 자세히 설명되어 있으니, 관심 있는 독자는 그 책을 참조하면 되겠습니다.

박병선이 주력한 것은 이 책이 목판본이 아니라 금속활자로 인쇄됐다는 것을 밝히는 것이었는데, 그러려면 실험이 필요했던 모양입니다. 이 작업을 하기 위해 그는 활자 만드는 틀을 구해 직접 납활자를 만들어보기도 했습니다. 그리고 흙이나 지우개, 감자로도 활자를 만들었다고 하는데, 이렇게 다양한 자료로 활자를 만든 것은 금속으로 만든 활자와 그 외의 재료로 만든 활자가 인쇄될 때 어떻게 다르게 나타나는가를 보기 위함이었습니다.

그러는 과정에서 그는 하숙집에 있는 오븐을 고장 내기도 하고 유리창을 깨트렸는가 하면 불도 낸 적이 있다고 합니다. 전문가가 아닌 사람이 가정에서 이런 일을 했으니 이 같은 사고가 난 것입니다. 그런 일을 다 겪고 난 다음 그는 이 책이 금속활자로 인쇄되었다는 확실한 증거를 얻게 됩니다.

이 증거, 즉 금속활자로 책을 인쇄하면 목판으로 인쇄하는 것과 어떤 점이 다른가에 대한 것은 다소 전문적이라 여기서는 그 설명을 생략하겠습니다.

도전과 응전 그리고 승리

『직지』가 금속활자 인쇄본이라는 증거를 확실하게 확보한 박병선은 이 사실을 공표할 수 있는 기회를 기다렸습니다. 그런데 마침 1972년에 유네스코 협찬으로 프랑스 국립도서관에서 국제도서전시회가 열렸습니다.

그는 이 기회를 살려야 한다는 절실함으로, 모든 책임은 자신이 질 터이니 『직지』를 이번에 전시할 수 있게 허락해 달라고 도서관 측에 부탁합니다. 마침내 이 제의가 수락되어 그는 『직지』를 이 전시회에 선보일 수 있게 되었습니다.

『직지』가 전시되자 처음에는 사람들이 별 반응을 보이지 않았다고 합니다. 그럴 수밖에 없는 것이 유럽인들은 철석같이 현존하는 최초의 금속활자 인쇄본은 구텐베르크의 『42행 성경』으로 알고 있었습니다. 그런데 듣지도 보지도 못한 작은 책이, 그것도 그들이 해독할 수 없는 중국 문자로 된 책이, 게다가 잘 알지도 못하는 한국이라는 작은 나라에서 만들어진 책이, 최초의 금속활자 인쇄본이라고? 도저히 믿기지 않아, 애초에 눈길도 주지 않은 것입니다.

그러다 사람들이 이 책이 심상치 않다고 느꼈는지, 수군거리기 시작했다고 합니다. 그들도 이 책을 마냥 무시만 하고 있을 수 없었던 것입니다. 그때부터 사람들이 박병선에게 질문을 쏟아냈습니다. 질문이라기보다 아마 힐난조에 가까운 투로 따졌던 것 같습니다.

'당신은 도대체 무슨 근거로 이 작은 책이 현존하는 세계 최초의 금속활자 인쇄본이라고 하는 거냐?' 만약 근거를 제시하지 못하면 가만두지 않겠다라는 식이었습니다.

그런 그들에게 박병선은 전혀 밀리지 않고, 그동안 그가 연구한 것을 가지고 소상히 밝혀주었습니다. 이 때문에 이 책이 전시되는 동안, 그는 이 책에서 떠나지 못하고 설명하기에 바빴다고 합니다. 그리고 이 전시회에 이어 바로 열린 학회에 나가서 같은 주제로 발표하게 됩니다. 이런 학회에서 서양 학자들이 던지는 질문은 날카롭기 짝이 없고 엄청나게 집요합니다.

그런데 학자들만 그에게 들이댄 게 아닙니다. 『직지』가 책이니만큼, 그와 관련된 인쇄업 관계자나 언론종사자들도 사정없이 그를 물어뜯었다고 합니다.

이들이 그 같은 격한 반응을 보인 것은 이해할 만합니다. 박병선의 말이 진실이라면, 세계 최초의 금속활자 발명을 동북아시아의 이름 없는 작은 국가에 빼앗길 판이었기 때문입니다.

그러나 박병선은 이들의 공격을 다 막아냈고, 그 덕에 『직지』는 위와 같은 영예를 얻는 데에 성공합니다.

박병선과 BTS

이상이 『직지』가 박병선 박사에 의해 발견되고 현존하는 세계 최초의 금속활자 인쇄본으로 증명되는 과정을 아주 간단하게 서술한 것입니다. 실제의 모습은 이보다 훨씬 더 극적이지만 시간 관계상 자세하게 다루지 못했습니다.

박병선은 당시 세 가지 일을 동시에 했기 때문에 식사 시간을 줄였을 뿐만 아니라, 잠 자는 시간마저 포기할 때가 많았다고 합니다. 자신의 박사학위 취득을 위해 공부를 게을리할 수 없었고, 그와 동시에 도서관 근무도 시간제지만 열심히 해야 했습니다. 그는 여기에 보태서, 『직지』가 세계 최고의 금속활자 인쇄본인 것을 밝히기 위해, 인문학도로서는 생경한 여러 작업과 실험을 해야 했습니다. 그가 얼마나 힘들게 이 주제와 싸웠는지 알 수 있지 않을까요?

어떻든 이 같은 영웅 덕에 한국은 과거에 인문 강국이었다는 사실이 만천하에 드러났다고 할 수 있습니다. 흔히들 한국은 IT 강국이라는 말을 많이 하는데, 아직은 부족한 점이 적지 않습니다.

그러나 한국이 IT 산업이 크게 발전한 국가인 것은 틀림없는 사실입니다. 한국이 이러한 국제적 위상을 가질 수 있었던 것은 과거에도 한국이 IT 강국이었다는 사실이 작용하지 않았을까 하는 생각이 듭니다. 금속활자 인쇄술이라는 것은 전통 시대에 매우 유용한 IT, 즉 Information Technology 아닌가요?

금속활자를 가지고 만든 책이 정보를 교환할 수 있게 해주었다
는 것은 앞에서 말한 그대로입니다. 그런 금속활자를 한국이 인
류사상 최초로 만들었으니, 한국은 인문학적일 뿐만 아니라 기술
공학적으로 대단한 토대를 지닌 나라인 것입니다.

비록 한국의 금속활자 인쇄 기술은 후대로 이어지지는 않았지만
책과 인쇄술을 중시하는 정신은 한국 문화 속에 잠재되어 있었던
것입니다. 그런 잠재된 힘이 현대에 들어와 발휘되면서 한국이 경세
분야나 과학 분야에서 발전을 거듭하고 있는 것으로 보입니다.

이 『직지』와 BTS를 연관해서 생각해보면 '세계 최초'라는 것이
어떤 의미를 가질까에 대해 되새겨 보게 됩니다. 앞에서 말했듯 고
려는 인류사에서 처음으로 금속활자를 만든 나라 아닙니까? BTS
역시 이런 선각자 같은 능력을 가진 것 같습니다. BTS가 부른 노
래는 기본적으로 서양음악입니다. 서양음악의 풍을 그대로 모방해
만들었다는 것이지요.

그런데 그들의 노래는 서양의 노래를 능가합니다. 더 잘 만들었
다는 것이지요. 물론 작곡에 서양인들도 참여했습니다마는 상황이
어찌 됐든 한국 가수가 한국어로 노래를 불러 서양인들에게 감동
을 선사하는 일은 쉽지 않습니다. 특히 동양의 언어로 노래를 불러
서양에서 히트하는 것은 말할 수 없이 어렵습니다. 그 사정은 BTS
이전에 동양 가수가 자신의 언어로 부른 노래가 서양에서 크게 히

트한 적이 없다는 것으로 알 수 있습니다.

그런데 BTS는 미국의 빌보드 차트에서 보란 듯이 1위를 밥 먹 듯이 했습니다. 동양 가수 중에 빌보드 차트에서 이렇게 빛을 발한 가수는 없습니다.

BTS는 세계 문화의 주류를 이루고 있는 서양인들이 반한 최초 의 동양 가수라는 기록을 세우게 될지 모릅니다. 사정이 이렇게 된 것은 고려인들이 금속활자를 만들 때 발휘했던 창조력이 현대 한국 인들의 무의식에 담겨 있어 BTS가 서양 노래를 능가하는 노래를 만든 것 아닌가 하는 생각을 해봅니다.

유네스코 세계기록유산과 관련해 한국인들이 가끔 오해하는 것이 있습니다. 한글이 유네스코에 기록유산으로 등재되었다고 생각하는 것입니다. 그런데 세계기록유산에 등재된 것은 『훈민정음 해례본』(이하 『해례본』)이라는 책이지 한글이 아닙니다.

기록유산은 기록물처럼 물질적인 것만을 대상으로 하기 때문에 한글과 같은 무형 유산은 이 유산에 포함되지 않습니다. 이 책은 인류사상 유례가 없는 책이라, 세계기록유산에 등재되는 데에 전혀 문제가 없었습니다.

그런데 이 책이 어떤 책인지를 알려면 먼저 한글이 만들어지는 배경을 알아야 합니다.

세종은 한글을 왜 만들었을까?

한글은 너무나도 잘 알려진 것처럼 조선 왕조의 세종이라는 현군(賢君)이 15세기 중반에 만든 문자를 일컫는 것입니다. 여기서 우리는 한글과 훈민정음이라는 단어를 혼용해서 쓰는데 이 두 단어는 같은 것을 지칭하는 것입니다.

두 단어가 나온 시기가 다를 뿐입니다. 세종이 새로운 글자를 만들었을 때, 그는 그 문자의 이름을 '훈민정음'이라고 했습니다. 훈민정음이란 '백성을 가르치는 바른 소리'라는 뜻입니다.

반면 한글은 20세기에 들어와서 이 문자에 붙인 새로운 이름입니다. 현대 한국학자들은 훈민정음이라는 단어가 한자 말이라 어렵다고 생각한 끝에, 한글이라는 새로운 이름을 부여했습니다. 한자가 아니라 고유의 한국어로 이름을 만든 것입니다.

한국어에서 '한'은 '큰' 혹은 '위대한'이라는 의미를 갖고 있기 때문에, 한글이란 큰 문자 혹은 위대한 문자를 의미한다고 할 수 있겠습니다.

그러면 세종은 왜 새로운 문자를 만들었을까요? 그 배경을 간단하게 보면 다음과 같습니다.

세종이 이 문자를 만들기 전까지 한국인들은 문자를 갖고 있지 않았습니다. 따라서 국민들은 대부분 문맹일 수밖에 없었습니다.

그러나 귀족들은 한자를 이용하여 문자 생활을 할 수 있었습니다. 귀족들은 말을 할 때에는 당연하게 한국어를 사용했지만 글을 쓸 때에는 중국 문자인 한자를 이용했습니다. 그런데 이 한문은 한국인의 언어 체계와 너무도 달랐고, 글자 자체도 어려워 당시 한국인들은 몹시 어렵게 문자 생활을 할 수밖에 없었습니다.

이런 맥락에서 볼 때, 세종이 한글을 창제한 이유는 아주 명백합니다. 한국어가 중국어와 너무도 다르기 때문에 한국어에 맞는 문자를 만든 것이니 말입니다. 다시 말해 한국어의 발음을 가장 정확하게 적을 수 있는 문자를 창안한 것입니다.

이렇게 말하면 오해할 수 있는 소지가 있는데, 문자와 관련해서 우리는 다음과 같은 사실을 알아야 합니다.

모든 문자는 그 문자를 쓰는 사람들의 말을 정확하게 적기 위해 만들어졌다는 사실 말입니다. 그러니까 일본 문자는 일본어를 정확하게 적기 위해 만들어진 것이고, 영미 문자는 영어를 정확하게 적기 위해 만들어진 것이라는 것입니다. 따라서 일본 문자나 영문자로 한국어 발음을 적어서 읽어보면 정확한 소리가 나오지 않습니다. 그와 마찬가지로 한글로 일본어나 영어를 적어도 그 말의 정확한 발음을 적기 힘듭니다.

세종 당시 한국인들은 문자라고는 한자밖에 가지고 있지 않았는데, 한자로는 한국어를 정확하고 표현하는 일이 대단히 어렵습니다. 게다가 한자를 쓸 수 있는 사람은 소수의 양반 계층에 불과했습니다. 한자는 배워서 그것으로 문자 생활을 어느 정도로 하려면 십수

년의 세월이 필요했습니다.

따라서 이 일은 매일 농사를 지어서 먹고살아야 하는 대부분의 국민들이 할 수 있는 일이 아니었습니다. 이 일은 어떤 노동도 하지 않는 귀족들이나 할 수 있는 것이라 일반 국민들의 언어생활은 참담했습니다. 따라서 대부분의 국민은 앞에서 말한 것처럼 문맹일 수밖에 없었습니다.

세종은 한글을 만든 이유에 대해 바로 이런 일반 국민들이 쉽게 배워서 활용할 수 있게 한글을 만들었다고 적고 있습니다. 한문은 수천수만 자를 외워야 문자 생활이 가능하지만, 한글은 20여 개의 문자만 알면 문자 생활이 가능하니 그렇게 말할 수 있는 것입니다. 한글이 세계적으로 가장 배우기 쉬운 문자라는 평가를 받는 것은 바로 이런 이유 때문입니다.

실제로 외국인들은 1시간만 한글을 배워도 자기 이름을 한글로 쓸 수 있으니 한글이 얼마나 배우기 쉬운 문자인가를 알 수 있습니다. 이 같은 한글의 우수성에 대해서는 다음에서 간략하게 다시 보기로 하고, 여기서 먼저 보아야 할 것은 이번 강의의 주인공인 『해례본』이라는 책입니다.

'나는 이런 문자다'라고 스스로를 알리다

대체로 이러한 배경에서 세종은 한글을 만들었는데, 재미있는 것은 그가 비밀리에 이 프로젝트를 시행했다는 것입니다.

보통 왕이 하는 일은 신하에게 알린 다음에 하기 마련인데, 한글 만드는 일만큼은 세종이 철저하게 숨기고 진행했습니다. 그런데 한국사 책을 보면 '세종이 신하들과 함께 훈민정음을 만들었다'고 쓰여 있는 책이 많은데, 이것은 명백히 잘못된 견해입니다. 한글은 세종이 신하들 몰래 자신의 자식들과 함께 작업해서 만들었습니다.

그러면 세종은 왜 비밀리에 한글을 만들었을까요?

여기에는 여러 이유가 있습니다. 그런 이유 중의 하나는 당시 중국 땅을 지배하고 있던 명나라의 눈치가 보였기 때문입니다. 명의 신하 나라에 불과한 조선이 한자를 제치고 자신들의 문자를 만든다고 하면 명이 곱게 봐줄 리 없었을 테니까요.

그런데 이보다 더 큰 이유는 신하들의 반대였습니다. 당시 조선의 관리들은 한문을 중국인처럼 쓰는 대단히 유식한 사람들이었습니다. 그런 그들은 한자만이 진정한 문자이고, 그것을 쓰는 자신들은 특권층이라 생각했습니다.

그리고 자신들의 권력을 독차지하기 위해서는 일반 국민을 문맹 상태로 놓아두는 게 필요하다고 믿었습니다. 일반 국민들이 글을 쓸 줄 알게 되면, 귀족들에게 소송을 걸면서 시비를 걸 수 있기 때문입니다.

그런데 만일 왕이 새롭고 쉬운 문자를 만들어내서 일반 국민들이 그 문자를 쓰게 된다면, 특권층인 자신들의 이익이 현저하게 줄어들 것이라고 생각했습니다. 그 때문에 이 사정을 잘 알고 있었던 세종은 신하들을 제치고 한글 창제 프로젝트를 홀로 밀고 나간 것입니다.

어떻든 그렇게 해서 세종이 한글 글자를 처음으로 공표한 것은 1443년의 일이었습니다. 그러자 곧 대신들이 한글 창제의 부당성에 대해 상소문을 써서 세종에게 항의했고, 국무회의를 할 때는 세종에게 따지듯이 물었습니다. 이때 세종과 신하들 사이에 오갔던 여러 논쟁들은『조선왕조실록』에 상세하게 적혀 있습니다.

그런데 당시 대신들의 언어학적인 지식은 세종의 상대가 되지 못했습니다. 그럼에도 불구하고 이들이 한글 제작의 부당성에 대해 따지자 세종은 그들을 감옥에 투옥하는 일까지 마다하지 않았으니, 그 논쟁이 얼마나 뜨거웠는지 알 수 있습니다. 신하들의 이 같은 반대에도 불구하고 세종은 물러서지 않았습니다.

그는 한글 제정을 완성하기 위해 자신과 뜻이 통하는 젊은 신하들을 시켜 자신이 만든 글자를 연구하게 합니다. 세종의 명을 받은 신하들은 이 새로운 문자를 다각도로 연구하여 약 3년 뒤인 1446년에 그 결과를 가지고 책의 편집을 마쳤습니다.

그렇게 나온 책이 바로『해례본』입니다.

이『해례본』이 대단하다는 것은, 또 일찍이 인류사에 유례가 없는 책이라는 것은 다음과 같은 이유 때문입니다.

이를 알기 위해 우리가 먼저 인정해야 할 일은 인류가 현재 쓰고 있는 문자 가운데 한글처럼 그 제작자를 아는 문자는 거의 없다는 것입니다. 한글은 그 제작자를 명확히 안다는 것 하나만 가지고도 대단한 문자라 할 수 있습니다.

그런데 한글은 한 걸음 더 나아갔습니다. 한글을 만든 사람이 이 문자의 모든 것을 알려주는 매뉴얼을 만들었기 때문입니다.

이 책에서 세종은 이 문자를 왜 만들었으며 어떤 원리로 문자를 만들었고 각 글자는 발음을 어떻게 하며 이 글자들을 가지고 조합해서 어떻게 완전한 글자를 만드는가와 같은, 이 문자에 대한 모든 정보를 자세하게 설명했습니다.

이 책 덕에 우리는 한글을 정확하게 이해할 수 있었습니다. 그래서 인류 문자사에 이런 유례가 없다고 한 것입니다.

이 책이 발견되기 전까지는, 한국인들도 한글에 대해 확실한 정보를 갖지 못했습니다. 특히 한글의 기본자음들이 어떤 원리에 따라 만들어졌는지 알지 못하고 있었습니다. 이에 대해서 온갖 추측만 난무할 뿐 어떤 설도 정설로 인정받지 못했습니다.

예를 들어, 'ㄱ'이나 'ㄴ' 같은 기본자음이 어떤 원리로 만들어졌는지에 대해 다소 황당한 견해도 있었습니다. 이 책이 발견되기 이전에는, 세종이 이 글자들을 한옥의 문틀에 있는 문양을 모방해서 만들었다고 주장하는 학자도 있었으니 말입니다.

그러나 이 책이 발견된 이후, 이 같은 추측들은 모두 사실이 아닌 것으로 판명됐습니다. 그런데 이 책이 한국인에게 전해지는 과정에는 드라마틱한 이야기가 있어 그것을 소개했으면 합니다.

『해례본』을 한국인에게 전해준 전형필

이 전설적인 책은 1940년 안동에서 발견됐습니다. 이 사실을 접한 전형필은 곧 사람을 보내 그것이 진본인지 확인했습니다. 진본인 것을 확신한 전형필은 어마어마한 돈을 지불하고 그 책을 샀습니다. 그리고 자신이 설립한 미술관에 그 책을 보관했고 그것이 지금까지 전해지고 있습니다.

전형필은 현대 한국학에서 대단히 중요한 인물입니다. 그는 한국이 일본의 식민지로 떨어졌던 시기에 살았는데, 당시 한국의 귀중한 유물들이 일본으로 반출되는 현실에 분개하여 그에 맞선 영웅 같은 인물입니다. 그런데 그에게는 다행히 조상으로부터 물려받은 재산이 상당했습니다. 그는 이 재물을 이용해 수많은 유물을 구입해 자신이 만든 미술관에 보관했습니다.

그가 당시 구입한 유물은 매우 다양한데, 국보급에 해당하는 도자기를 위시해서 김홍도나 신윤복 같은 조선 최고 화가들이 작품들이 모두 여기에 포함됩니다. 이 유산 가운데 『해례본』이 포함되어 있는데, 전형필은 자신이 소장한 유물 가운데 이 책을 가장 귀중하게 생각했다고 합니다.

그는 당시에 이처럼 고가의 유물들을 수집하는 사람으로 이름이 높았는데, 이 일을 할 때 그가 고수했던 원칙은 유물의 가격을 깎지 않는 것이었다고 합니다. 상대편이 요구하는 돈보다 더 주는 경우마저 있었다고 합니다. 그가 이렇게 행동했던 데에는 그의 사려 깊은 계산이 있었습니다.

이와 같은 유물을 파는 것을 생업으로 하는 거간꾼들은 좋은 유물이 나왔을 경우, 당연히 좋은 값을 쳐주는 사람을 먼저 찾기 마련입니다. 그런 까닭에 전형필은 좋은 유물에 대한 소식을 항상 먼저 접할 수 있었습니다. 그렇게 되니 그는 누구보다도 좋은 유물을 구입할 수 있는 기회를 많이 갖게 되었던 것입니다.

그러다 이 『해례본』이 발견됐다는 소식이 그에게 당도했습니다. 그는 이때 직감했을 것입니다. 자신이 접한 유물 가운데 이 책이 가장 중요한 것이 될 것임을 말입니다.

자신의 대리인을 보내 이 『해례본』이 진품인 것을 확인한 전형필은 파격적인 가격을 제시함으로써 경쟁자들을 일찌감치 따돌렸습니다. 그가 이 책을 살 때 기와집 11채 값을 지불했다는 것은 잘 알려진 사실입니다.

당시에 부자들은 모두 기와집에 살았는데 이런 집을 현재 시세로 따지면 40~50평 이상 되는 넓은 아파트의 가격에 버금가지 않을까 하는 생각입니다. 이런 아파트 가격을 어림잡아 20억 원으로 치면, 전형필이 해례본을 사기 위해 지불한 금액은 지금 돈으로 하면 220억 원 이상이 되는 엄청난 돈입니다(그런데 아파트 가격이 20억이 넘는 경우도 많으니 실제는 이보다 훨씬 비싸다고 보아야 합니다). 당시에 아무리 비싼 고서도 이 『해례본』 가격의 100분의 1도 안 되었다고 하니, 그가 『해례본』을 사기 위해 얼마나 많은 돈을 지불했는지 알 수 있습니다.

전형필이 해례본을 구입했다는 사실을 놓고 우리는 많은 의미를 부여할 수 있습니다. 그중에서도 가장 중요한 의미는 이 같은 국가적인 보물을 안전하게 보존할 수 있었다는 데에서 찾을 수 있습니다. 이런 책은 너무도 귀중한 보물이라 그 구입이나 보존을 둘러싸고 많은 문제나 불화가 생기기 쉽습니다.

그런 문제들은 전형필이 이 책을 구입하면서 일소(一掃)에 부쳐졌습니다. 그가 다른 사람들은 상상도 하지 못하는 고가를 제시하면서 다른 사람들을 따돌렸으며, 그 뒤에도 자신이 설립한 미술관에 용의주도하게 보존함으로써 유실의 위험을 완전하게 차단했습니다.

그가 6.25 전쟁 때 이 책을 향해 보여준 애정은 잘 알려져 있습니다. 그는 공산군을 피해 피난 가면서 이 책만큼은 자신이 직접 챙기고 항상 소지하고 있었다고 합니다.

일설에는 이 책을 오동나무로 만든 상자에 넣고 잘 때에도 베고 잤다는 후문이 있습니다. 이 책을 자신의 몸에서 떼어놓지 않음으로써 안전을 확실하게 한 것입니다.

이렇게 보면 이 책이 전형필에게 간 것은 천우신조라 하겠습니다. 한마디로 말해 주인을 제대로 만난 것입니다. 바로 이러한 그의 열정과 노력 덕분에 한국은 전 인류 역사에 유례가 없는 책을 소지하게 되었으니, 그에게 어떤 감사를 드려도 불충분할 것입니다.

왕이 만든 최고의 문자

이렇게 해서 『해례본』이라는 책에 대해 보았는데 이제 이 책의 내용에 대해서도 살펴보아야 하겠습니다.

그 내용 중에서도 한글이 어떤 원리에 따라 만들었는지를 설명한 부분을 집중해서 보았으면 좋겠습니다. 보통 한글은 가장 과학적인 문자라고 알려져 있는데, 그 비밀이 바로 여기에 담겨 있기 때문입니다.

한글은 자음과 모음으로 이루어져 있는데, 이 중에서도 자음을 집중적으로 보려고 합니다. 이 자음에 한글의 과학성이 숨어 있습니다. 지금 한국인들이 사용하고 있는 자음은 19개인데 원래는 23개였습니다. 4개가 사라진 것인데, 이 유실된 자음은 여기서 다루지 않으려고 합니다. 지금 쓰지 않는 문자를 굳이 언급할 필요를 느끼지 않기 때문입니다.

자음이 19개라고 하니 숫자가 너무 많은 것 아닌가 하고 반문하는 사람도 있겠습니다. 그러나 이 글자들에 깔려 있는 원리를 알면 그런 말을 하지 않을 것입니다.

이 자음들은 5개의 기본 글자만 알면, 나머지 글자들은 아주 쉽게 알 수 있게 되어 있습니다. 이 기본 글자에 선을 더 첨가하거나, 같은 글자를 겹쳐 놓으면 나머지 글자들이 완성되기 때문입니다.

우선 기본 글자부터 보기로 하는데, 한국인 가운데에는 이 기본 자음을 아는 사람이 의외로 적습니다. 충분히 예상할 수 있는 바와 같이 이 기본자음은 ㄱ, ㄴ, ㅁ, ㅅ, ㅇ입니다. 이것을 기본으로 놓고 그 외의 글자를 만드는 것입니다.

ㄱ을 예로 들어봅시다. 여기에 선을 하나 더 그으면 'ㅋ'이 되고 겹쳐 놓으면 'ㄲ'이 됩니다. 그래서 ㄱ 글자만 알면 다음 글자는 자동으로 알 수 있게 됩니다. 이러한 원리는 다른 자음에도 똑같이 적용되는데 이것을 표로 정리하면 다음과 같습니다.

ㄱ⟹ㅋ, ㄲ

ㄴ⟹ㄷ, ㅌ, ㄸ, (ㄹ)

ㅁ⟹ㅂ, ㅃ, ㅍ

ㅅ⟹ㅈ, ㅊ, ㅆ, ㅉ

ㅇ⟹ㅎ

그런데 놀라운 것은 이 기본 글자들도 따로 외울 필요가 없다는 것입니다. 이 기본 글자들은 그 음을 발음할 때 사용되는 기관의 모습을 그대로 따서 만들었기 때문입니다. 그 각각을 설명해보면, ㄱ은 어금닛소리라고 해서 어금니 쪽에서 나오는 소리이고, ㄴ은 혓소리라고 해서 주로 혀로 내는 소리이고, ㅁ은 입술소리라고 해서 입술에서 나오는 소리이고, ㅅ은 잇소리라고 해서 치아로 내는 소리이고, ㅇ은 목구멍으로 내는 소리입니다.

그래서 이 글자를 발음할 때 사용하는 발성 기관의 모습을 그대로 따와 글자로 만든 것입니다. 예를 들어봅시다. 이 자음 중에 'ㄴ'을 학생에게 가르친다고 상정해봅시다. 이때 교사는 학생에게 '느'라고 발음해보라고 말합니다. 그러면 학생의 혀가 입천장 앞부분에 닿으면서 구부러지는 것을 알 수 있습니다. 바로 이 혀의 모양이 'ㄴ'이라는 글자가 된 것이라고 학생에게 가르쳐줍니다. 사정이 이러하니 글자를 굳이 외우려고 할 필요가 없이 발음만 해보면 그 글자를 알 수 있게 됩니다.

다른 글자도 사정은 같습니다. 다른 글자들도 글자를 외우려고 노력할 필요 없이 그 원리를 듣는 순간 바로 터득하게 되는 것입니다.

이 때문에 외국인들에게 한글을 가르치면 한 시간 안에 자기 이름 정도는 한글로 쓸 수 있다는 말이 나오는 것입니다. 물론 이것은 대학교 이상의 학력이 있는 사람에게 통하는 것이지만, 외국 문자를 한 시간 안에 쓰는 방법을 배운다는 것은 언어도단과 같은 일입니다. 전 세계에 이런 문자는 없다고 단언해도 결코 과장이 아닐 것입니다.

물론 한글도 어려운 부분으로 들어가면 어렵기는 합니다. 예를 들어 받침(종성)이 그럴 터인데 '볕'과 '볏'의 음가는 거의 차이가 나지 않지 않기 때문에, 듣는 것만으로는 글자를 구별해서 적기가 힘듭니다.

또 이중자음 받침도 쉽지는 않을 것입니다. 예를 들어 '끓다'와 '훑다'처럼 'ㅀ'과 'ㄾ'이 받침으로 쓰일 때 그 음가를 구별하는 일

역시 쉬운 일이 아닐 것입니다. 이 같은 것은 반복적인 학습을 통해 습득하는 수밖에 없을 것입니다.

그렇다고는 해도 한글이 인류의 문자 가운데 가장 배우기 쉬운 문자라는 데에 이의를 달 사람은 없을 것입니다.

그다음에는 한글의 모음에 대해 잠깐 설명해야 하는데 여기서 먼저 지적해야 할 것이 있습니다. 세종은 세계 언어학사에서 음소(音素)로서의 모음을 처음으로 발견했고, 거기에 글자를 부여한 첫 번째 사람이라는 것입니다. 한국인들은 한글에 모음 글자가 있다는 것을 당연하게 생각하는데, 다른 문자를 보면 모음 문자가 따로 없던 것이 대부분입니다.

한문이나 일본 글자는 음절문자라 아예 모음이 없고, 로마 글자도 모음이 따로 없었다고 합니다(로마 글자의 원조인 이집트 문자도 모음이 없기는 마찬가지입니다). 영어도 이전에는 모음이 없이 쓰였다고 합니다(그래서 그런지 영어는 자음 글자와 모음 글자가 구별되지 않습니다). 예를 들면 지금은 'english'라고 쓰면서 모음인 'e'와 'i'를 넣었지만, 예전엔 'nglsh'와 같은 식으로 자음만 나열해서 썼다고 합니다.

이 같은 모습이 현재도 남아 있는 것이 있는데 아프리카 사람의 이름이 그렇습니다. 유명한 축구선수 중에 '음바페'라는 아프리카계 선수가 있는데, 그의 이름은 'Mbapeé'라고 씁니다. 그런데 첫 번째 글자인 'M'은 모음이 없이 자음만 쓰고 '음'이라고 읽는 것이 그것입니다.

그러나 한글은 모음 없이 글자를 만들지 않습니다. 모음이 확실한 글자를 갖고 있는데, 쓰지 않을 이유가 없는 것입니다. 그런 의미에서 세종은 대단한 언어학적인 지식을 가진 사람으로 평가됩니다.

한글이 배우기 쉬운 글자인 이유 중의 하나는 모음이 아주 간단한 원리로 만들어졌고, 그 모습이 자음과 확연하게 구별되어 있기 때문이라고 할 수 있습니다. 잘 알려진 것처럼 한글의 모음 글자는 'ㆍ'와 'ㅡ', 'ㅣ'라는 세 가지 기본 글자를 가지고 혼합해서 만듭니다. 이 세 모음을 적절하게 섞어서 원하는 모음을 얼마든지 만들 수 있습니다.

『해례본』에서는 이 세 글자를 포함해서 기본 모음에 ㅗㆍㅏㆍㅜㆍㅓㆍㅛㆍㅑㆍㅠㆍㅕ와 같은 글자가 포함되어 있지만, 모음들을 더 혼합해 얼마든지 필요한 모음을 만들어낼 수 있습니다.

예를 들어 'ㅙ'나 'ㅞ' 등과 같은 모음도 만들어낼 수 있고, 심지어는 쓰지 않는 'ㆎ'와 같은 모음도 만들 수 있습니다. 어떻든 이 세 글자만 알면 그 복잡한 모음들을 원하는 대로 만들 수 있고, 그렇게 만든 모음들의 발음도 다 알 수 있습니다.

예를 들어, 'ㆎ'는 쓰지 않는 모음이지만, '유'와 '예'를 붙여서 발음하면 그 발음을 알 수 있습니다.

『해례본』에서는 한 글자의 초성과 종성(받침)은 자음을 쓰라고 하고, 중성은 모음을 쓰라고 권하고 있습니다. 그러니까 '한'이라는 글자처럼, 'ㅎ'이나 'ㄴ'은 자음을 쓰지만, 그 중간에는 모음인 'ㅏ'를 넣어서 글자를 만들라는 것입니다. 이것을 합하면 한 음절이 완성되는 것입니다.

이처럼 한글은 자음과 모음이 확연히 구별되기 때문에, 그것을 조합해서 글자를 만드는 데에 전혀 어려움을 느끼지 못합니다.

이에 비해 같은 음소문자(音素文子)인 로마 글자(영어 등)는 자음과 모음이 확연히 구별되지 않을 수 있습니다. 가령 대문자 'I[아이]'는 모음이고 소문자 'l[엘]'은 자음인데, 이 두 문자를 구별하는 일이 쉽지 않습니다. 특히 초보자에게는 그렇습니다.

이처럼 영어에서는 자음과 모음을 구별하지 않고, 그냥 나열해 놓고 글자를 읽습니다. 그래서 어디서 끊어서 읽어야 하는지 모를 때가 있습니다. 예를 들어 'longing' 같은 단어를 '론깅'으로 읽어야할지, '롱잉'으로 읽어야 할지 헷갈릴 수 있는 것입니다.

그러나 한글은 자음과 모음을 구별할 뿐만 아니라, 그것을 조합해서 한 글자를 만들기 때문에, 그 글자를 읽는 데에 혼선이 있을수 없습니다. 이 같은 여러 특징들이 모두 합해져 한글을 가장 우수한 문자로 만드는 것입니다.

한글의 과학성

한국인들은 입만 열면 한글은 과학적인 원리로 만들어졌다고 자랑합니다. 그 증거로 한글이 앞에서 말한 것과 같은 매우 탁월한 원리로 만들어졌다는 것을 듭니다.

그러나 그 정도로는 불충분합니다. 세계적인 언어학자들 가운데에는 한글을 칭송하는 사람들이 꽤 있는데, 그들은 위의 설명 때문에 그런 태도를 보이는 것이 아닙니다. 그들이 찬탄해 마지않는 것은 한글의 다른 특징에 있습니다.

흔히들 한글은 '소리바탕글자'라고 말합니다. 이것을 풀어서 말하면 한글은 소리를 바탕으로 글자를 만들었다는 것을 뜻합니다. 그런데 이 단어가 무엇을 뜻하는지 아는 사람이 별로 없습니다. 이것은 소리가 글자가 되었다는 것인데, 이 덕에 비슷한 음가를 가진 문자는 글자 생김새도 비슷합니다. 다시 말해 소리가 비슷하면 글자도 비슷하다는 것입니다.

이를 설명하기 위해 제가 가장 많이 드는 예는 'ㄴ'과 관계된 글자들입니다. ㄴ은 혓소리이고 이 글자에서 'ㄷ', 'ㅌ', 'ㄹ' 같은 글자가 파생했다는 것은 앞에서 말한 대로입니다. 그런데 이 세 글자는 생긴 것만 비슷한 것이 아니라 음가도 비슷하기 때문에 서로 교환되어 쓰일 수 있습니다.

이 사정을 적나라하게 보여주는 예는 영어에서 쉽게 찾을 수 있습니다. 예를 들어, 시티(city)는 '시리'로 읽히는 경우가 많습니다. 또 젠틀맨(gentleman)은 '제느먼'으로도 자주 발음됩니다. 이 예에서 보면 t와 r, l, n은 서로 음이 교환될 수 있다는 것을 알 수 있습니다. 이렇게 된 것은 이 네 가지 음이 같은 어군에 속해 있기 때문입니다.

세종은 그것을 이미 파악하고 앞에서 본 것처럼 이 글자들을 혓소리 군에 모두 배열했습니다. 그에 비해 영어의 't, r, l, n'은 그 발음이 유사함에도 불구하고, 서로 아무 연관성이 없는 글자라는 것을 알 수 있습니다. 이 글자들은 세종과 같은 뛰어난 창시자가 용의주도한 생각 끝에 만든 것이 아니라, 그냥 세간에서 쓰이다 어쩌다 글자가 이렇게 생기게 된 것입니다.

그러나 한글은 세계적인 언어학자인 세종이 탁월한 이론을 동원하여 자음 글자를 만들었습니다. 한글이 이러한 면 때문에 소리를 문자로 옮겼다는 평가를 받는 것이고 세계의 학자들이 찬탄해 마지않는 것은 바로 이 면입니다. 한글의 과학성은 바로 여기에 있다는 것을 알아야 합니다.

다음의 예도 한글의 과학성과 연결될 수 있는 것인데, 한글을 일상에서 활용할 때 얼마나 편리한지를 보여주는 예입니다. 한글은 대표적인 음소문자이지만 동시에 음절문자도 됩니다. 한 글자가 자음과 모음으로 나뉘기 때문에 음소문자가 되지만, 한 글자로 보면 음절문자가 됩니다.

영어는 다릅니다. 영어는 글자 자체가 음소이기 때문에 음소문자라고 할 수 있지만 음절문자는 아닙니다. 반면에 일본 문자는 자음과 모음이 나뉘지 않기 때문에 음절문자이지 음소문자가 되지는 않습니다.

그런데 한글은 두 가지 특징을 다 가지고 있기 때문에 쓰는 데에 아주 편리합니다. 가로로 쓰든 세로로 쓰든, 또 오른쪽으로 쓰든 왼쪽으로 쓰든 아무 문제가 없습니다. 한글이 음절문자이기 때문에 아주 편하게 쓸 수 있는 예 하나만 들어봅시다.

이것은 다름 아닌 책의 등에 제목을 넣을 때에 일어나는 일입니다. 한글은 음절문자이기 때문에 책의 제목을 세워서 세로로 쓰든 누여서 쓰든 아무 문제 없습니다. 그런데 영어는 음절문자가 아니기 때문에 세로로 쓸 때 세워서 쓸 수 없고 옆으로 누여서 써야 합니다.

그래서 도서관이나 책방에서 영어로 된 책의 제목을 보려면, 머리를 옆으로 해서 읽어야 쉽게 볼 수 있습니다. 이것은 간판도 마찬가지입니다. 세로로 영어 간판을 만드는 경우 한글 간판처럼 글자를 세로로 세워서 쓰지는 못합니다.

이처럼 한글은 그 특장점을 찾기로 하면 한이 없을 것 같습니다. 예를 들어, 모음을 세 글자로 해결하기 때문에 전화기 자판기에 한글의 자음과 모음을 다 넣어도 자판이 남는 것도 그런 예에 속할 것입니다.

글자가 워낙 과학적으로 만들어졌기 때문에, 현대에 어떤 기기가 발명돼도 한글은 잘 적응하는 것입니다. 한글에는 이 이외에도 많은 장점이 있지만 이 정도만 소개해도, 한글이 어떤 문자인지 충분히 알았을 것으로 믿습니다.

　이렇게 세종과 한글에 대해서 살펴보다 보니, 새삼 BTS의 소통 정신이 되새겨집니다. 세종이 한글을 창제한 주목표는 백성 위에서 군림하지 않고 그들과 소통하려는 것 아니었습니까? 한마디로 말해 백성을 위하는 위민 정신이 그 핵심에 있었습니다. 세종의 이러한 태도가 BTS가 그들의 팬인 아미를 대하는 태도에서도 보입니다.

　BTS는 결코 아미를 비롯한 전 세계의 팬들 위에서 군림하려는 생각이 없습니다. 그리고 여느 아이돌 그룹과는 달리 자신들의 평소 생활을 공유하면서 마음을 다한 소통을 이어갔습니다. 아미들은 자신이 열렬히 동경하는 BTS가 자신들을 위해 모든 것을 나누니 진정 자신들을 위한다는 마음이 들었을 것입니다. 여기에서 더 나아가 BTS들은 아미에게 항상 감사할 줄 아는 겸손함도 갖추었습니다. BTS는 그들이 어떤 자리에 있든 간에 항상 아미에게 감사한다고 밝혔습니다. 이런 태도에서 세종의 애틋한 위민정신이 보이는 듯합니다.

제11강: 조선왕조실록과 BTS의 기록 정신

이번 마지막 강의의 주제는 역사 기록에 관한 것입니다.

조선은 기록을 매우 중시한 나라였습니다. 그럴 수밖에 없는 것이 조선이 통치 이념으로 삼았던 성리학은 기본적으로 철학성이 강한 인문학이기 때문입니다.

따라서 조선의 지식분자들은 그들의 머리로 생각한 것을 기록으로 남기는 것을 좋아했습니다. 이 영향으로 조선은 문(文), 즉 글과 관계된 모든 것을 매우 중시했습니다. 이 가운데에는 역사 기록도 포함됩니다.

조선의 위정자들은 왕과 정부에 일어나는 모든 일을 기록으로 남겼습니다. 그 이유는 후손들에게 가르침을 주어 바른 정치를 펼 수 있게 함이었습니다. 그중에 『조선왕조실록』(이하 『실록』)은 가장 중요한 기록입니다.

이 책은 조선 왕조에 일어난 모든 일을 기록하고 있습니다. 그 내용을 보면, 왕의 정치 내용, 외교, 군사, 국무회의, 천문, 천재지변, 지방에 대한 정보, 또 중국, 일본, 만주 등 주변 국가와 있었던 외교 관계 등이 모두 포함됩니다.

따라서 그 기록의 방대함은 다른 어떤 역사서도 능가합니다.

가장 방대한 왕조 역사서

『실록』은 과거 인류가 지녔던 왕조 역사서 가운데 가장 방대하다는 평가를 받습니다. 아니 인류가 만든 역사서 가운데 가장 방대한 것일 수도 있습니다. 『실록』이 그렇게 방대한 것은 조선 왕조가 존속한 기간 중 472년 간의 역사를 기록했기 때문입니다.

중국의 왕조들을 보면 한 왕조가 300년 이상 지속되기 어려웠는데, 조선은 500년 이상 지속됐습니다. 더 나아가서 그 대부분의 기간에 일어난 크고 작은 일들을 기록으로 남겼으니, 대단한 일이 아닐 수 없습니다.

이 『실록』은 임금별로 정리되어 있고, 각 사건들은 연도순으로 기록되어 있습니다. 이러한 기록 양식을 전문용어로는 편년체(編年體)라고 합니다. 조선의 왕은 27명이 있었는데 『실록』에는 25명의 왕이 포함되어 있습니다(마지막 두 임금인 고종과 순종은 제외됐습니다).

『실록』이 얼마나 방대한지를 알 수 있는 여러 방법이 있는데 가장 쉬운 것은 글자 수로 보는 것입니다. 글자 수만 따지면 실록은 약 5천만 개의 글자로 되어 있습니다. 이것은 앞에서 본 『고려대장경』과 거의 같은 숫자이니 그 양이 얼마나 엄청난 것인지 알 수 있겠습니다. 그러니 인류사에서 이 『실록』에 비견할 만한 역사책이 없다고 하는 것입니다. 그러나 『실록』의 위대함은 그 엄청난 부피에서만 찾으면 안 됩니다.

『실록』은 드높은 기록 정신, 혹은 엄격한 역사 정신에 따라 엄중하게 기록했다는 데에서 그 진정한 의의를 찾아야 할 것입니다. 이 기록 정신은 왕과 그 주변에서 일어나는 일을 객관적으로 기록했다는 데에서 그 진가를 발견할 수 있습니다. 이러한 역사 정신은 여타의 봉건왕조에서는 좀처럼 찾아보기 힘든 것입니다.

이처럼 한 왕조에서 정부에 관련된 모든 일을 기록하는 실록을 남기는 것은 중국에서 비롯된 제도입니다. 그런데 중국에서는 실록을 만들 때, 원래의 기록 정신이 잘 지켜지지 않는 사례가 있었습니다. 실록이 작성되는 과정에 황제가 개입했기 때문입니다.

원래 실록의 제작 과정에는 황제가 어떤 참견도 할 수 없습니다. 이것이 바로 실록의 올바른 기록 정신인데, 중국은 이런 제도를 자기들이 만들어 놓고 스스로 지키지 않은 것입니다.

그에 비해 조선에서는 실록을 제작할 때 왕이 간섭하는 경우가 거의 없었습니다. 조선의 『실록』은 그런 의미에서 진정한 역사 기록이라 할 수 있는데, 그 자세한 사정을 지금부터 보기로 합니다.

『실록』의 기록 정신

　『실록』의 기록 정신에는 놀라운 면이 있습니다. 가장 놀라운 것은 하루 종일 왕이 행한 모든 언행을 기록한다는 것입니다. 왕은 아침에 공무를 시작하면, 그때부터 밤에 침실에 들기 전까지 항상 이 『실록』을 쓰는 관리를 대동해야 합니다. 이 관리는 사관(史官)이라 불리는데, 그는 왕이 회의를 주관할 때나 다른 사람을 만날 때 항상 왕의 옆에 있으면서 왕이 하는 모든 언행을 기록합니다.

　이러한 제도는 왕권을 견제하는 아주 좋은 제도라 할 수 있습니다. 왕은 자신이 하는 모든 언행이 기록된다는 것을 알기 때문에, 자신의 언행을 극도로 조심해야 합니다. 이것이 기록으로 남아 후대에 전달되기 때문입니다. 그리고 왕은 누구를 만나든 투명하게 만날 수밖에 없습니다. 사관이 옆에서 왕이 누구를 만나고 그와 무슨 말을 나누었는지를 모두 적기 때문입니다.

　따라서 왕은 자신이 좋아하는 신하를 사관들에게 들키지 않고 몰래 만나는 일이 매우 힘들어집니다. 그 자연스러운 결과로 왕은 자기를 지지하는 당파를 만들거나, 비밀 조직 같은 것을 사사롭게 만들지 못합니다. 이런 식으로 왕과 관련된 정치 행위가 모두 공개되면, 왕은 공평한 정치를 하려고 노력하게 될 것입니다.

　아마 왕에게 사관은 꽤 성가신 존재였을 것입니다. 생각해봅시다.

아침에 일어나서 일을 시작하면, 한 사람이 바로 옆에서 내가 하는 모든 말을 적는다고 말입니다. 이런 일이 실제로 벌어지면 이 일을 당하는 당사자는 극도로 신경이 예민해질 것입니다. 말을 할 때마다 자신이 뱉은 말이 적힌다는 것을 의식해야 하니 말입니다. 이런 일을 당하는 왕은 '프라이버시'가 존재하지 않는다고 해야 할 것입니다. 왕은 자신을 완전히 까발리게 되는 것이니, 자신을 이렇게 만든 사관이 결코 고울 리 없을 것입니다.

이 때문에 중국 황제 가운데에는 사관 제도를 아예 없애버린 사람도 있었다고 합니다. 자신은 천자, 즉 하늘의 아들인데 사관이라는 말단 관리가 자신의 언행을 적어대니 자존심이 상한 것입니다.

그러나 조선에서는 이 같은 일이 일어나지 않았습니다. 조선의 왕은 감히 사관 제도를 없앨 생각을 하지 못했습니다. 조선에는 패륜을 일삼다가 왕위에서 쫓겨난 왕이 두 사람 있는데, 그중에서도 연산군이라는 사람은 포악무도한 짓을 한 것으로 유명합니다. 정치는 안 하고 노상 파티만 벌이면서 성적인 일탈을 일삼았습니다.

그런 그가 한 유명한 말이 있는데 짧게 요약하면, 대강 이런 내용입니다. '(내가 모든 것을 내 마음대로 할 수 있지만) 저 사관만큼은 두렵다. 왜냐하면 내가 행하는 모든 짓이 저 사관에 의해 기록되어 후대에 전해지기 때문이다'라고 말입니다. 조선에서는 사관 제도가 이렇게 철저하게 지켜졌습니다.

『실록』의 기록 정신과 관련해서 그다음으로 중요한 것은 사관이 적어 놓은 것을 왕이 보지 못한다는 것입니다. 만일 이 기록을 왕이 본다면 사관은 보복이 두려워 왕의 언행을 공정하게 적지 못할 것입니다. 조선에서는 이 관행이 잘 지켜졌기 때문에, 사관은 공정한 역사가의 입장에서 왕의 언행을 객관적으로 적을 수 있었습니다.

『실록』이 유네스코 기록유산이 될 수 있었던 데에는 이 같은 기록 정신이 크게 작용했습니다. 그런데 중국에서는 이 같은 관행이 잘 지켜지지 않은 모양입니다. 중국 황제 가운데에는 이 기록물을 읽어보고 마음에 들지 않는 부분이 있으면 지우라고 명한 사람도 있었다고 합니다. 이 제도는 중국에서 만들어져 한국에 수입된 것인데, 정작 본토에서는 관행이 지켜지지 않은 반면, 그 제도를 수용한 조선에서는 잘 지켜졌으니 놀라운 일이라 하겠습니다.

『조선왕조실록』은 이처럼 원래의 취지에 맞게 제대로 역사를 기록했기 때문에 유네스코의 세계기록유산에 등재될 수 있었습니다. 그런데 이 『실록』이 중국 것보다 뛰어난 점이 하나 더 있습니다. 『실록』은 처음에 단 네 부만 인쇄했는데, 조선 정부에서는 이를 위해 아름다운 활자를 만들었습니다. 그리고 그 인쇄물을 전국에 네 군데에 나누어 보관했습니다.

반면 중국에서는 실록을 활자로 인쇄하지 않고, 그냥 사관이 쓴 필사본으로 보존했습니다. 그러니까 중국 실록들, 즉 명 실록이나 청 실록은 조선의 실록처럼 활자로 인쇄한 것이 아닙니다. 이것 역시 중국의 실록이 세계기록유산에 등재되지 못한 이유가 되었을 것입니다. 이 실록을 작성하는 제도는 중국에서 비롯된 것이지만, 종주국인 중국의 실록은 선정되지 못하고 조선의 실록이 등재되었으니 재미있는 현상이라 하겠습니다.

참고로 일본의 상황을 보면, 마지막 막부 정권이었던 에도 막부 시절에 일본 정부는 실록을 만드는 일을 아예 하지 않았으니 거론할 거리도 없겠습니다. 당시 일본의 최고 권력자인 쇼군〔將軍〕은 무인이었기 때문에, 역사 기록에는 그다지 관심을 두지 않은 것 같습니다.

『실록』이 살아남은 기적

앞 강의에서도 많이 언급했지만, 임진왜란 때 조선은 일본군에 의해 초토화됐기 때문에, 특히 나무나 종이로 만들어진 유물은 전소(全燒)를 피한 것이 아주 드물다고 했습니다.

이 『실록』도 예외가 아니었습니다. 『실록』도 소멸될 위기에 처했었기 때문입니다. 그런데 실록은 두 사람의 영웅적인 행위로 인해 살아남을 수 있었으니 이 또한 기적이 아닐 수 없습니다.

당시 조선 정부는 보존상의 문제로 『실록』을 네 군데에 보관하고 있었습니다. 이것은 설혹 한두 군데에 있는 『실록』이 멸실되더라도, 남은 『실록』이 있으니 『실록』의 전통을 이어갈 수 있을 것이라는 조선 정부의 유비무환 대책이었습니다. 이러한 대책이 빛을 본 것은 임진왜란 때였습니다.

이 전란을 겪고도 남은 『실록』은 전주라는 도시에 보관되어 있던 것이었습니다. 다른 세 군데에 보관되어 있던 『실록』은 일본군의 방화로 소실되었습니다. 그러면 전주에 보관되어 있던 『실록』은 어떻게 참화를 피할 수 있었을까요?

그것은 손의와 안홍록이라는 두 양반의 기지와 노력 덕에 가능할 수 있었습니다. 일본군이 곧 전주에 당도할 것이라는 소식을 들은 이 두 사람은 서둘러서 전주 사고에 보관되어 있던 『실록』을 안전한 곳으로 옮겨야겠다는 생각을 하게 됩니다.

　이들이 이 같은 생각을 갖게 된 결정적인 이유는 『실록』을 보존해야겠다는 의도도 있었지만, 사고 옆 건물에 조선을 세운 이성계의 초상화가 보관되어 있었기 때문입니다.

　전주는 이성계의 고향이었기 때문에 특별히 그의 초상화가 모셔져 있었는데, 당시 봉건 사회에서는 왕의 초상화를 왕 본인이라고 생각했습니다. 따라서 그 초상화는 어떠한 희생을 감내하더라도 구해야만 했습니다(이것은 현재 북한에서 벌어지고 있는 일이기도 합니다!).

　이 같은 생각을 한 그들은 서둘러 전주 사고로 갔습니다. 그러고는 그곳을 지키던 관리들과 함께 『실록』과 이성계의 초상화를 피신시켰습니다. 그들이 이 유물들을 피신시킨 곳은 전주에서 수십 킬로미터 떨어진 곳에 있는 내장산이라는 곳이었습니다. 그들은 일본군을 피하기 위해서는 산골 깊은 곳으로 이 서물들을 숨겨야 한다고 생각한 끝에 이곳으로 옮긴 것입니다.

　그런데 이 서물들의 분량이 엄청났습니다. 『실록』만 따져도 지난 약 200년간의 기록물이 포함되기 때문에 엄청날 수밖에 없었습니다. 게다가 이 책들은 국가가 만든 귀중한 것이니 아무렇게 포장할 수도 없었습니다. 그래서 그들은 60여 개의 나무상자를 만들어 그 안에 책을 넣었다고 합니다.

　그들은 이것을 수십 킬로미터 떨어진 산으로 운반했을 뿐만 아니라, 산속 깊은 곳까지 가져갔습니다. 또 비와 눈을 피해야 하니 동굴 같은 곳을 골라 그 안에 보관했습니다. 게다가 한 곳에만 있으면 일본군에게 발각될 염려가 있으니 보관 장소를 때때로 바꿔야 했습니다. 이렇게 하기를 1년여. 이 기간 동안 이들은 번갈아『실록』을 지키면서 야외에서 생활했습니다. 그 후에 다행히도『실록』은 조선 정부에 이양되어 지금까지 전해지고 있습니다.

이렇게『실록』을 전해 받은 조선 정부는 그『실록』을 '카피'해서 네 부를 더 만든 다음 전국 다섯 군데에서 보관하게 됩니다. 이렇게 다섯 군데에 보관되어 있던『실록』은 각기 다른 길을 걷게 되는데 여기서 그것을 다 밝힐 필요는 없겠습니다.

어떤『실록』은 한국이 일본의 식민지로 있을 때 일본으로 보내지기도 하고, 어떤『실록』은 6.25 전쟁 때 북한군이 전리품으로 가져가는 등 각기 다른 운명을 겪지만, 전질은 한국에 잘 보관되어 있습니다. 그래서 세계에서 가장 방대한 왕조 역사서가 살아남게 된 것입니다.

임진왜란 때 손의와 안홍록은 자신들이 구한『실록』이 미래에 국가의 보물이자 세계적인 보물이 될 것이라고는 아마 생각하지 못했을지도 모릅니다. 한국인들은 이러한 조상을 둔 데에 대해 크게 감사해야 할 것입니다.

지금까지 본『실록』은 꼼꼼한 기록 정신을 유감없이 드높인 산 증인이라 하겠습니다. 우리는 이 실록을 통해 왕들의 일상생활을 빠짐없이 들여다볼 수 있었습니다. 그런데 BTS에게서도 비슷한 모습을 목격할 수 있어 재미있습니다. 그들은 자신들의 일상생활을 비롯해 곡 만드는 과정 등을 모두 팬들에게 공개했습니다. 아무리 바빠도 자신들의 생활상을 기록하여 끊임없이 알려주었습니다. 원래 아이돌 그룹 세계에는 '신비주의'가 팽배해 있어 팬들은 그들이 어디서 무엇을 하는지 잘 모르는 경우가 많습니다.

그러나 BTS는 달랐습니다. 심지어 장기 휴가를 갈 때도 자신들이 하는 모든 행위를 영상으로 찍어 공개했습니다. 차를 타고 가는 모습이라든가 한옥에서 찍은 모습 등을 소셜 미디어에 올렸습니다. 거의 하루도 빠지지 않고 게시글을 올렸습니다. 마침 그 기간 동안 BTS의 멤버인 정국과 RM의 생일이 있었는데 RM은 아미들을 위해 자필 손편지를 써서 보냄으로써 팬들에 대한 애정을 과시했습니다. 이들이 이렇게 쉬는 동안에도 자신들의 생활을 기록이나 영상으로 남겨 아미들과 공유하는 모습을 보면서 기록 정신이라면 절대로 둘째가지 않을 조선시대의 사관을 떠올린다면 지나친 상상일까요? 사정이 어떻든 BTS에게 철저한 기록 정신과 공유 정신이 있는 것은 조상을 닮았다고 하지 않을 수 없겠습니다.

문끼의 정신

이상으로 한국 문화가 지닌·문끼의 정신을 간단하게 보았습니다. 문끼의 정신을 발현하는 유물은 이 이외에도 많이 있습니다. 앞에서도 제시했지만, 예를 들어 조선시대 때 왕의 비서실 기록이었던 『승정원일기』나 왕실에서 일어난 주요 사건들을 그림과 글로 정리한 『조선왕조의궤』 등도 있습니다.

이 서물들도 유네스코의 세계기록유산에 등재되어 있지만, 이밖의 정부 기록도 많이 남아 있습니다. 조선의 주요 관청인 의정부나 비변사 등도 모두 기록을 남겼는데, 이런 기록들이 얼마나 많은지는 아직도 제대로 알려지지 않았습니다.

게다가 조선에는 이 같은 정부 문서만 있는 게 아니었습니다. 조선의 큰 가문에서는 그 가문의 명망 있는 양반들이 쓴 문집을 발간했는데, 이것도 양이 얼마나 될지 가늠조차 되지 않습니다. 조선의 각 가문에서 펴낸 문집에 대해서는 전체적인 조사가 되어 있지 않기 때문에 그 규모를 파악할 수 없습니다. 게다가 이런 책들은 비용 문제 때문에 아예 번역되지 않은 상태로 묻혀 있는 것이 많습니다. 이처럼 조선은 문끼의 정신이 넘쳐난 왕조였습니다.

이런 조선에 비해 현대 한국은 문끼가 많이 사그라든 것이 사실입니다. 현대 한국인들은 워낙 생활이 다양해지다 보니 인문학의 중요성을 다소 잊고 사는 것 같습니다. 그러나 조선을 포함한 역대 왕조들이 지니고 있었던 문끼의 정신은 현대 한국의 문화 속에 여전히 녹아들어 있습니다. 그 기운은 한국인들이 행하는 다방면의 분야에서 영향력을 미치고 있는 것으로 보입니다. 그러나 인문학의 발흥을 위해 한국인들은 좀 더 노력해야 하는데, 앞으로 그에 대한 결실이 있을 것으로 믿습니다.

신끼와 문끼의 새끼꼬기

　지금까지 우리는 한국에서 BTS 같은 세계적인 가수가 나오게 된 배경에 대해 살펴보았습니다. 그 배경에는 여러 가지 요소가 있겠지만, 나는 이 책에서 '신끼'와 '문끼'라는 두 가지 기운을 가지고 설명해보려고 했습니다.

　신끼로는 BTS의 신명성을 설명하려고 했고, 문끼로는 BTS의 정밀성을 풀어보려고 했습니다. 이들은 이 두 기운을 적절하게 배합해서 새로운 차원의 예능을 완성시킨 것입니다.

　BTS가 자유로운 끼를 발산하면서 노래하는 것을 보면, 신끼가 충만한 무당이 연상됩니다. 한국 무교에는 '창부(倡夫)대신'이라는 예능의 신령이 있는데, 그는 대금 같은 악기를 들고 연주하면서 날아갈 듯한 날렵한 자세를 하고 있습니다. 그의 모습을 보면 BTS 같은 현대 한국의 아이돌이 연상될 정도로 그들은 닮은 면이 있습니다. 이런 관점에서 볼 때, BTS는 한국의 샤먼 전통을 잇고 있다는 생각이 듭니다.

　그러나 BTS의 노래와 춤에는 자유분방함만 있는 것이 아닙니다. 무용이나 노래의 가사 등에서 매우 정제된 모습이 보이기 때문입니다. 춤의 정확도나 가사에서 풍기는 문향(文香)에서 우리는 매우 품격 있고 절제된 모습을 느낄 수 있습니다. 이들이 보여주는 이 같은 태도는 한국 문화 속에 내재되어 있는 세련된 문끼의 기운에서 비롯된 것으로 보고 싶습니다.

사실 한국 문화는 앞에서 보았던 것처럼 이 두 기운으로 상당히 잘 설명됩니다. 이 두 기운이 새끼꼬기를 하듯이 서로 융합되면서 일정한 문화 현상을 만들어낸 것입니다.

그런데 각 현상에는 한 기운이 다른 기운을 압도하는 경우도 많았습니다. 예를 들어, 한국인들이 노래방에서 괴성을 지르면서 노래하는 행위에서는, 문끼라고는 조금도 찾을 길이 없고 신끼가 압도하는 경우라 하겠습니다.

그런가 하면 같은 음악을 하는 현장이지만, 한국의 정악단이 〈종묘제례악〉이나 〈수제천〉을 한 치의 틀림도 없이 정확하게 연주할 때는 신끼가 잘 보이지 않습니다. 그때는 규범을 강조하는 문끼의 기운이 더 성한 것입니다.

그런 관점에서 BTS의 연행을 보면 앞서 말한 것처럼 신끼와 문끼가 균형을 맞추어 잘 융합된 느낌을 받습니다. 그러나 굳이 여기서 한 가지 아쉬운 점이 있다면, BTS에게서는 아직 한국적인 향이 그다지 느껴지지 않는다는 것입니다.

한국인의 신끼를 설명하면서 그 근원은 한국의 고대 사상인 풍류도에 있다고 했습니다. BTS가 진짜로 이 신끼의 정신을 이어받았다면, 이 풍류도의 정신이 이들에게서 발견되어야 하는데 현실은 그렇지 않다는 것입니다. 이 풍류란 앞에서 말한 대로 경관이 뛰어난 자연을 주유하면서 주변에 있는 생명들과 깊은 교류를 하는 것입니다. 그럼으로써 다른 사람이나 다른 생명들에게 너그러운 태도를 취하고, 그 즐거움에 노래를 하고 춤도 추는 넉넉한 정신을 말합니다.

풍류 정신이란 그냥 노래와 춤만 하는 것이 아니라, 모든 생령과 통하는 정신을 말하는 것인데, 이에 대한 좋은 예로 앞에서는 화랑도를 들었습니다.

BTS는 가무는 세계 제일이 되었으니 염려할 것이 없는데, 아직 풍류성이 약한 것 같습니다. 따라서 그들이 화랑들과 같은 풍류성만 갖춘다면, 가장 한국적인 그룹인 동시에 가장 세계적인 그룹이 될 것이라는 확신이 섭니다.

마지막으로 첨언할 것은 한국의 연예 문화는 이 BTS에서 정점을 찍은 것이 아니라는 것입니다. 싸이가 나와 전 세계를 주름잡았을 때, 그를 능가할 만한 한국 가수는 없을 것이라고 호언했지만 그와는 비교도 안 되는 BTS가 나오지 않았습니까?

BTS라는 그룹이 나와 이렇게 전 세계적인 주목을 받으리라고는 어느 누구도 예상하지 못했습니다. 따라서 같은 생각은 후(post) BTS에게도 적용될 것입니다.

제 어줍은 생각에, 멀지 않은 장래에 BTS를 능가하는 한국의 대중예술가가 나올 것 같습니다. 그런 사람이 나온다면 그는 신끼와 문끼라는 두 기운을 환상적으로 융합하는 데에 성공한 사람이 아닐까 합니다. 그런 대 예인이 나오는 것을 기대하며 대단원의 막을 내립니다.

이들이 이렇게 쉬는 동안에도
자신들의 생활을
기록이나 영상으로 남겨
아미들과 공유하는 모습을 보면서
기록 정신이라면
절대로 둘째가지 않을
조선시대의 사관을 떠올린다면
지나친 상상일까요?
사정이 어떻든 BTS에게
철저한 기록 정신과
공유 정신이 있는 것은
조상을 닮았다고 하지
않을 수 없겠습니다.